小学学校管理和德育教育研究

刘仲燊 著

中国民族文化出版社

北 京

图书在版编目(CIP)数据

小学学校管理和德育教育研究 / 刘仲燊著. -- 北京：

中国民族文化出版社有限公司,2023.11

ISBN 978-7-5122-1822-2

Ⅰ.①小… Ⅱ.①刘… Ⅲ.①小学－学校管理－研究

②德育－教学研究－小学 Ⅳ.①G627

中国国家版本馆 CIP 数据核字(2023)第 218143 号

小学学校管理和德育教育研究

XIAOXUE XUEXIAO GUANLI HE DEYU JIAOYU YANJIU

作　　者	刘仲燊
责任编辑	张　宇
责任校对	杨　仙
出版发行	中国民族文化出版社　地址:北京市东城区和平里北街 14 号
	邮编:100013　联系电话:010-84250639　64211754(传真)
印　　装	三河市嵩川印刷有限公司
开　　本	710 mm×1000 mm　1/16
印　　张	12.25
字　　数	200 千字
版　　次	2023 年 11 月第 1 版
印　　次	2025 年 1 月第 1 次印刷
标准书号	ISBN 978-7-5122-1822-2
定　　价	68.00 元

目　录

第一章　小学学校管理

第一节　小学学校管理的含义与特点

一、小学学校管理的含义

小学学校管理是学校管理者通过一定的制度和措施，带领和引导师生，充分利用校内外的资源和条件，整体优化学校教育工作，有效实现学校工作目标的组织活动。学校的管理要树立"以人为本"的思想，深入落实教学的中心地位，抓好基础教育，创建学校特色。学校管理要围绕教学目标，遵照教学规律和特点，对教学过程进行全面管理。学校管理既是一门科学，也是一门艺术。在新时代背景下，从实际情况出发，教学活动的开展需要管理工作的促进，只有提高管理工作质量，才能提高教学质量。教学是学校的核心工作，而管理作为落实教学的保障也是必不可少的。在学校管理工作中，管理和教学是相辅相成的。在教育发展的新形势下，学校管理要团结领导班子成员，规划学校发展的长期和短期目标，认真研究提高办学质量的方案和措施，不断优化学校管理。运用科学发展观的管理手段，对学校的人力、物力、财力等进行科学合理的组织和协调。

二、小学学校管理的特点

学校管理是学校管理者围绕学校管理工作目标，运用教育教学的基本原理，对学校中的人、事、物进行管理的过程。它具有物质生产部门所不具备的以下特点。

（1）学校的工作是教书育人的过程。

学校管理区别于物质生产管理，就在于它是对培养人的工作进行管理的过程。如，在德育工作中有观念意识、情感、意志、性格等要求；在智育工作中有文化、艺术、科学、技术知识以及智力、能力的要求；在体育工作中有体力、体质、体育技能、卫生保健等要求。学校管理工作过程具有复杂性，因此学校管理的职能活动不宜采取单一性的手段和方式，而应采取多种手段、综合规划的方法。

（2）学校进行的教育教学工作是精神文明的重要组成部分。

学校的根本任务是培养德、智、体、美、劳全面发展的"四有新人"，教师是"塑造灵魂的工程师"。

（3）学校管理工作受到社会各界的影响。

学校教育的对象是学生，学校将学生培养成为社会主义现代化建设者的过程，也是学校协同调动家庭、社会等教育因素，共同作用于学生的过程。

（4）学校的工作者是教师。

教师的工作是复杂的脑力劳动，具有个体性、创造性、教育性的特点。因此，与物质生产管理工作相比，学校管理工作变量大，伸缩性强，劳动组织程度低，具有明显的个人特性和个人风格。

三、学校管理过程的特点

（一）正面特点

学校工作的特点，决定了学校管理过程的特点。

1. 学校管理过程的教育性

学校管理的过程是组织学校的全部力量，对受教育者施加教育影响，促使其全面发展，以实现教育目标的过程。要发挥教育管理过程中的教育性，就要善于调动学生的学习主动性，以及自我教育、自我管理的积极性，使他们成为学习的主人，这样才能取得良好的效果。

2. 学校管理过程的随机性

学校管理活动同一切管理活动一样，是一种有程序的活动。它基本上是围绕一定的目标，按照计划、总结、实施、检查等这些程序进行的。所以，学校管理存在着较大的随机性。正确分析学校管理工作中的特点，客观有序地做好工作，是学校教育教学质量得以不断提高的一个重要条件。

（二）负面特点

1. 教学管理方式较为单一

当前，很多学校在教学管理过程中，普遍采用单一的教学管理方式，按照制定的教学管理制度实施各项教学活动。这种僵硬的教学管理方式导致实际的教学管理效果不佳。随着现代社会的快速发展，传统的教学模式难以满足当前社会的发展需求，小学教学管理方式也需要结合时代的特点进行适当创新，摒弃单一僵化的教学管理模式，制定完善的、人性化的教学管理模式，为学生营造一个良好的学习与发展环境。

2. 片面注重学生学习成绩

由于长期受到"应试教育"管理模式的影响，学校、教师以及家长均较为重视学生的学习成绩，以学生的成绩好坏而论优差。在这种教学管理模式下，学生的压力逐渐增加，甚至对学习产生了排斥心理。片面注重小学生学习成绩的方式不利于小学生综合能力的发展，也违背了新课程改革中的教学理念。因此，小学教学管理需要从学生的实际情况出发，通过多种方式调动学生的学习兴趣，营造良好的校园氛围，促进学生多元智能的发展。

第二节　小学学校管理的意义与必要性

一、小学学校管理的意义

小学学校管理的质量直接关系到孩子们的健康成长和学习成绩。因此，提高小学学校管理质量具有十分重要的意义。

首先，提高小学学校管理质量可以促进教学质量的提高。管理的好坏直接关系到学校内部的教学组织和指导；只有在管理上严格规范，才能保证教学有序高效地展开。例如，加强学校行政管理，完善各个职能部门的职责划分和工作流程，进一步提高行政能力，使学校管理工作更加有序，从而提高教育教学的质量。

其次，提高小学学校管理质量有助于营造良好的教育氛围。学校管理质量的好坏直接影响学校的形象，也是学校校风和教育教学理念的反映。提高学校管理质量，可以营造一个良好的教育氛围，从而帮助学生树立正确的世界观、人生观和价值观。同时，也可以提高学生遵守校纪校规的自觉性，有助于学校内部的安全、和谐。

最后，小学学校管理质量是保证学生安全的重要保障。管理水平的高低决定了学校各项管理措施的质量，对于学生的安全来说至关重要。要严格落实学生管理制度，加强监管，预防和消除各类安全隐患，努力构筑安全稳定的校园环境，确保每一名学生安全、健康地度过校园时光。

（一）提高小学学校管理质量的方式方法

1. 加强学校管理体制建设

深入贯彻中共中央办公厅、国务院办公厅印发的《关于深化教育体制机制改革的意见》，抓好学校管理体制和人员机构的改革，打破各部门之间的界限，创新学校管理模式，优化结构，提高学校管理绩效。

2. 加强师资队伍建设

完善教师培训机制，支持教师继续教育，提升教师的综合能力。同时，注重对学生行为和思想道德的引导和培养。

3. 加强教育教学指导与管理工作

把教育教学工作作为管理的重中之重，坚持以学生为中心，强化学科建设，提高教学质量，加大教学监督、评估力度，夯实学校教学质量的基础。

4. 加强校园安全管理工作

完善和落实学校管理、规章制度和安全预案等方面的制度，加强安全宣传教育和日常监控，增强应急处置能力。总之，提高小学学校管理质量是当之无愧的重要工作，这不仅关系到学生的健康成长和学习效果，也是学校提高核心竞争力、提升教育质量的关键所在。学校需要着眼于学校实际，积极改革创新，打造一支具有服务精神的高素质专业教育管理队伍，为学生成长发挥更大作用。

二、小学学校管理的必要性

在我国基础教育改革中，要求教师的工作具有示范性和创造性，工作难度和压力较大；若教师自身专业发展的需要以及尊重的需要等得不到充分满足，就会对其教育工作的积极性产生消极影响。在学校管理中，为了避免教师产生懈怠的情况，就需要为其创造一个自由与和谐的人性化环境。学校实施人性化管理是提高教师工作热情的良好途径。学生是学校的基本管理对象，学校实施的人性化管理会对其在情感和认知上起到促进作用。由于教育评价体系在教育实践中尚不成熟，教师有时会过于追求规范化和标准化，片面地追求升学率，从而忽视了学生在教育中的主体地位。学校实施人性化管理是学生健康成长的迫切需要。学校要把学生的发展与需要放在首位。学校管理的对象涉及学生、教职工和学校管理者，所有的管理活动追根到底都是对人的管理，学校管理的最高境界是"让被管理者感受不到管理的存在"。教职工在开展教育工作中受学校管理者的指导，根本任务是培养人才。这些都要求学校实施人性化管理，而不是居高临下地实施控制和干预。

三、学校实施人性化管理的策略

（一）坚持"以人为本"，正确认知人性

人性化管理中的核心要素是"人"。组织发展与管理的动力源泉是人，而人性化管理的最终目的也是人。学校坚持"以人为本"的实质是坚持"以师生为本"。一方面，以学生成长和发展为本，坚持为学生服务，重视对学生的人文关怀，在整个优化育人中关注并疏导学生的心理情感变化，尊重学生的个性，引导其健康成长、全面发展。另一方面，以教师的成长与发展为本，学校领导者应了解、关爱每一名教师，激发教师的积极性和主动性，，使其共同参与学校管理。学校管理者既要尊重教师在个性差异，包容不同的主张与期望，又不能纵容其中的消极方面；在管理实践中，坚持"扬长避短"的原则，发挥教师个性中积极的一面。

（二）实施有效激励，制定合理规范的制度

对员工进行有效激励是组织发展的动力。因此，学校在进行人性化管理的时候，要打破传统的物质奖励与惩罚制度，正确看待精神处理与物质处理之间的关系，重视精神激励。了解教师各层次需求的特点，采用多种激励方式。人性化管理必须以规范制度作为基础，如果撇开制度谈人性化管理，难以体现公平和公正的原则；人性的弱点等没有制度约束，最终导致管理上出现混乱。

（三）培养良好的团队精神，重视个体，凝聚人心

在人性化管理中要体现出组织精神和组织文化，培养出一支优秀的团队。具备良好的团队精神，是人性化管理成熟完善的一个重要标志。因此，学校应注重培养教师的归属感，增强其集体荣誉感，充分发挥教师的内在积极性。人性化管理的目标是组织与组织人员的共同发展，但也要对个体加以重视。一般情况下，个体要求得到重视与尊重，追求个人价值的实现。因此，在人性化管理过程中，学校领导者要从教师个体出发，了解个体心态，尊重个人价值、个人需求。凝聚人心的必要条件之一就是关注并理解人的情感。学校领导者应努力创造一个和谐、团结的工作氛围，为教师发展提供一个好的展示才能的平台，从而唤醒教师的主体意识，使之敢于创新。同时，学校领导者和教师应该了解每位学生，采用训导式的教育方式，引导学生更好地发展，尊重学生的个体需求，对不同个体进行不同层次的教育，公平公正地对待每一个学生。

第三节　小学学校管理的主要内容

一、小学学校机构设置和人员配备

（一）机构设置和人员配备的原则

总的来看，学校的机构设置、人员配备是比较好的；但个别中小学校尚存在一些问题。比如：学校机构重叠，办事机构"机关化"；领导接触教学实际、师生思想实际不足；工作分配忙闲不均，影响效率；机

构不够健全，人员配备不合理，不能有效发挥各个机构的职能作用，没做到人尽其才，无法充分调动教职员工的工作积极性。学校教育管理的一个重要的内容就是国家现行的学校编制，研究学校组织机构的设置、各组织机构之间的内在联系，以及校内教职员工与学生之间、教职员工之间的关系，从而科学地组织和协调机构与机构之间、人与人之间的相互作用，从而充分调动职能部门和人的积极性，充分发挥财力、物力的效能，遵循教育工作的客观规律，力求使学校这部"机器"的运转始终处于最佳状态。小学学校机构设置和人员配备要坚持以下三个原则。

1. 简化层级提高效率的原则

学校机构的设置要从有利于广大师生的成长和发展出发，从有利于简化层级、提高效率出发。在研究学校机构设置和人员配备的时候，要以"避免机构臃肿、政出多门、人浮于事、工作效率低"为原则。学校的中心任务是完成教学计划，教学任务主要靠教师去实现。因此，学校机构的设置为"以教学为中心"服务，以"层次要少、行政人员要精、'机器'运转要灵、工作效力要高"为原则。

2. 人尽其才的原则

学校每位教职员工各有所长，也各有所短。因此，学校机构的人员配备如何扬长避短、充分调动人的积极性，既是学校管理工作的研究课题，也是学校管理的实践探索。学校人员配备绝不是简单的人事安排问题，应仔细了解和分析每项工作的要求和每位教职员工的长处和短处，合理安排和恰当使用，做到人尽其才、才尽其用。

3. 统筹兼顾的原则

一部机器要正常运转，而且始终处于最佳状态，不仅主机要好，其他每个零部件也要同样出色。学校这个整体是由各个部门组成的，各个部门又是由各类人员组成的。就学校的部门机构而言，有教导处、总务处、教研组、班级、传达室，等等；就学校的人员而言，有校长、教导主任、总务主任、教师、其他教职员工，等等。百川异流，殊途同归，目的都是为"四化"培育人才；要使各个工作环节互相衔接协调，就要全面兼顾，不能顾此失彼。

（二）小学机构设置和人员配备

学校的目标管理是围绕着实现学校教育总目标而进行的一系列管理职能的活动过程。在这个过程中，学校管理者的责任不仅在于正确地制定目标，更重要的是要组织目标的实施。一般来说，组织目标的有效实施应做好如下几点：要动员全校教职员工参与学校目标的实施；要客观地、公正地组织对目标实施成果的评价；要经常注意目标实施中的信息反馈；要不断强化教职员工克服目标，各司其职。也就是在正确的方针、政策指导下，学校合理地组织安排教职员工的力量。这是办好学校、提高教学质量的重要一环。

1. 精简机构，精简行政管理人员，充实教学第一线

小学学校本来就是实现教育任务的基层。一个基层单位的机构，要精悍、简便，不应该有过多的"机关"人员，也不要设置年级办公室之类的中层机构。机构过多会使学校这部"机器"运转不灵，还会使学校领导把大部分时间花在开会、听汇报上。学校校长和教导主任要直接深入教师、学生中去，了解他们的思想、学习、工作和生活情况。而且要兼课，直接参加教学工作，并和教师一起劳动、和师生一起生活。只有

这样，才不会脱离群众，才能深入工作实际，及时发现问题，解决问题。目前的中小学，特别是一些中学，在学校人员力量组织安排上头重脚轻，行政公勤人员和教学人员比例失调。现在不少中学行政管理人员一般都在教职工的 25% 以上。少数学校竟高达 35%。这样的人员配备完全忽略了学校应以教学为中心的原则，因而使教师负担加重，教学工作忙乱，影响教学质量的提高。而且行政管理人员，特别是学校领导干部太多，往往是意见纷纭，难于统一，办事手续纷繁、工作效率不高。根据管理人员少而精的原则，一般比例控制在 20% 以内为宜。

2. 知人善任，扬其人员所长，避其人员所短

两所学校，同样的师资水平和数量，同样的学生和设备，而教学质量不一样。即使是同一位教师或职员，在不同工作内容或岗位上工作积极性和效率也不一样。这除了政治思想工作的条件外，就是安排是否恰当的问题。思想政治工作固然可以调动人们的工作积极性，人尽其才合理安排也可以调动人们的积极性。一个优秀的资料管理员去管伙食，不一定能成为优秀伙食管理员。硬要一位数学教师去教语文，一般情况下比教数学贡献要小。这就要求我们在组织安排人员力量时，要尽量照顾人员的专业和特长。

如何才能做到对人员合理安排？这就要求我们学校领导深入了解和分析每一位人员的情况，从每个人的业务专长、兴趣、性格以及年龄、体质各方面做一番研究，最后确定他们的工作。如，有的教师教学业务基础很厚，教学效果又好，但组织能力很差，若非要让他当班主任，他往往是难以把班集体带好的。又如，同样都是数学教师，但有的代数教

得很好，而有的却擅长教几何，何不根据其特长而安排呢？目前许多小学，采用语文、数学包班制分配教师的办法，这固然有责任明确的好处，但一般在师资水平不是很高的情况下，特别是教师较多的学校，教师在语文、数学两科中总有一门相对擅长。因此，应该按各人的特长排课，要这样设计、安排人员的最佳方案。

3. 组织安排人员力量，综合协调

学校每个处、室，每个教学班，特别是低年级和毕业班的人员力量安排，都要有个综合协调部门。前文提及，每个人一般都有自己的长处，同时又有自己的缺点、弱点，综合结构就是集体的扬长避短，可以互相配合，发挥各人长处，也可相互制约，弃其各人所短。如，把业务好的教师大量集中在毕业班任教，使得其他班教学上无得力的教师，结果教学质量还是不能提升，甚至产生恶性循环。如何做好综合结构？从政治、业务的水平考虑，每个处室、每个年级和班级都要配备一定数量的骨干，从年龄考虑，都要配备一定的青年教师和有经验教师，从性别考虑，男女教师配备要兼顾。此外，还要考虑不同性格气质上的搭配。

4. 根据学校地域以及规格设立管理层

全日制小学一般实行党支部领导下的校长负责制（农村大队学校党员人数少，可以乡或学区为单位成立联合党支部）。全日制小学设校长（或兼职党支部书记）1 人。15 个班以上的，可设副校长 1 人。校长、副校长，由选拔到任免，报县教育局备案。全日制小学规模在 10 个班以上者，可设教导处；15 个班以上者，增设总务处。全日制小学设教导主任 1 人、总务老师 1 人。15 个班以上的，设总务主任 1 人。25 个班以上者，可增设副教导主任 1 人。教导主任和总务主任由校长提名报上一级教育行政机关决定。农村大队的五年制（或六年制）小学可设兼职的教导、总务老师，协助主任教师工作。全日制小学设少先队辅导员 1 人。学校规模大的专职，规模小的兼职。规模在 15 个班以上的学校，设卫生保健医生 1 人（兼管生活辅导工作）。规模小的学校，可由总务老师或其他适当人员兼任。规模在 15 个班以上者，设教务员 1 人，兼管文印工作。炊事人员按就餐人数 1∶30 配备。农村大队小学由大队视就餐人数的多少酌情配专职或兼职炊事人员。全日制小学可按学科成立教研组，人数少的学科和规模小的学校，可按邻近学科成立联合教研组。农村小学可以学区或片为单位，成立学区或片的各科教研组。教研组长可按 2~4 节课计算工作量。小学主任教师酌情计算工作量。包班复式教学者应在考勤考绩中注意表彰或适当给予奖励。

中小学内部管理体制涵盖学校管理的各个方面，主要包括中小学校领导体制、人事制度、分配制度等。我国中小学内部管理体制具有如下特点：

（1）实行校长负责制，推进现代学校管理制度的建立。校长是学校的法人代表，应按有关规定行使职权、履行职责，并代表政府承担管理学校的全部责任。现行中小学的学校内部管理体制从制度上确保了校长对学校的各项工作全面负责。改革实践表明，中等及中等以下各类学校实行校长负责制是必要的，符合我国国情，有利于进一步理顺学校的党政关系，为现代学校管理制度的建立和完善进行了有益的探索和实践。

（2）实行教师聘用制，促进教师竞争激励制度的形成。依照按需设岗、公开招聘、平等竞争、择优聘任、严格考核、合同管理的原则，推行中小学和中等职业学校教职工聘任制度，有利于打破教师的"铁饭碗"，既能进得来又能出得去，职称能上能下，有利于形成激励竞争机制，为推进学校内部人事制度的改革做出了成功的尝试。

（3）调动教职工的积极性，推进学校内部劳动分配制度的改革。通过深化学校内部分配制度改革，完善激励和约束机制。现行的中小学内部分配体制逐步建立和完善起来，实现了由以"课时工资"或"课时津贴"为主的分配模式，转向以包括课时工资、绩效工资以及职务工资、岗位工资等在内的综合性收入分配模式，将教职工的收入与他们的工作质量和工作成效结合在一起，走出了劳动分配上"优劳优酬"的第一步，为推进学校内部劳动分配制度改革积累了成功的经验。

二、小学学校管理策略

（一）各级部门管理策略

1. 营造和谐、轻松、愉悦的教学氛围，创设健康快乐的心理空间

不管学生进行哪项活动，学校都要充分考虑学生当前的认知规律与教师的身心规律，让教师和学生都精神饱满、精力充沛地走进学校、走进课堂。要让每一位教师都热爱学校，以校为家，以校为荣。只有这样，每一位教师在工作中才有可能付出爱，有了教师的爱，学校才会变得温馨并具有"家"的感觉。在这种氛围中，师生的关系才会更加和谐，只有学校呈现出这种和谐的局面，学校管理才可以说是更上一层楼。同时，学校还需要将学校的发展和个人与集体的发展结合起来，才能使学校的管理科学有序。在当今的社会中，教师对学校的要求也越来越高，对民

主管理的呼声也越来越响。因为没有任何一位教师喜欢盛气凌人、高高在上的领导，也没有任何一位教师喜欢不负责任、管理随意的管理者。所以，民主管理对于学校管理来说尤为重要。

2. 鼓励教师探索创新，实现自身特色

学校的教学思路还是要将学、思、知、行这四个方面相结合，也就是学和思要联系起来，知和行要达到统一。教师需要教会学生认知，学生只有学会了认知，才会有更好的发展，才会明白如何去学习和思考。因此，学校以"创新思维"去教导教师和学生，让他们可以充分地挖掘自身的才华。举一个例子，在我所任职的学校里，教学资源和其他学校比并不突出，但是我校却通过创新这条路创造出了优势，它倡导"自主学习，合作探究"的教学理念，因此我校的教学水平一直是县里、市里的佼佼者。并且，在近两年，我校积极响应创新的理念，通过完善教育理念、加强教学实践等措施，为学校积累了丰厚的教学资源。只有老师不断地进行探索，才能最大限度地帮助学生、教育学生，形成互重互爱的和谐局面。

3. 加强对学生安全卫生教育，促进学生全面发展

学校的安全卫生工作一直以来都是学校管理工作的重点。每天安全卫生管理人员都要做好一天的工作，确保把存在的安全隐患全部排除。同时，学校还需要定期做好教师和学生的安全防患讲座、安全演练，这些既可以增强师生的安全意识，让他们把安全放在嘴边、挂在心上，还可以有效地防止意外的发生。而在卫生方面，通过卫生整治，不但可以使整个校园变得整洁干净，还可以有效地防止一些疾病的发生和传染。

对于学校卫生的管理方法，可以采用流动红旗的竞争方法，对每个班级的卫生工作进行打分，并每周评比，总分最高的班级可以得到流动红旗。只有做好了安全和卫生工作，学校的整体氛围才会得到提升。

4. 加强领导班子建设，发挥团队精神

每个学校都有相对一致的目标，一是培养出优秀的师资队伍，另一个是形成良好的校园文化和作风。所以，在学校管理中，管理者需要互相交流与合作，对学校的发展认真规划。在发挥老教师丰富的教学经验的同时，也要让年轻教师充分发展其创新力和实践力。通过他们的努力，营造出和谐轻松的工作氛围，从而打造出优秀的师资队伍。在一所学校里，老教师爱岗敬业，遵守学校制度，对工作认真负责，处处关心年轻教师的工作和成长；年轻教师不惧艰难险阻，勇于挑战，善于向前辈学习和请教，尊重前辈。这种良好工作氛围会让教师对学校产生归属感，充分调动教师工作的积极性。全体教师在这种环境下一起工作、一起交流经验、一起创新、一起促进学校的进步和发展。总而言之，良好的管理制度是学校发展的根本，学校的管理需要充分考虑师生的实际情况。师生在这种管理制度下，可充分发挥自身的才华，培养主人翁意识，教师安于教、乐于教；学生安于学、乐于学，在学习中体会成长的快乐。

（二）管理者统筹管理策略

1. 进行精准定位

新常态背景下，小学不仅应积极引进高素质的教师，小学在关注教育环境的基础上，还需要关注下列几点：教育条件的改善、师资队伍建设工作等，行政管理工作在人才培养方面具备非常重要的地位，落实好工作投入的建设，达到行政管理工作队伍的专业化发展的目标。从小学办学资源的分配方面来看，需要充分关注行政管理与教育科研，减少行政管理工作者在工作实践中面临的思想弊端，引导行政管理工作者投入行政管理工作优化中，提升工作人员的服务质量。小学还需要充分关注行政管理工作者对个人角色的定位，以防行政权利压制学术权力的问题产生，同时，有效防止行政管理工作人员服务意识欠缺等问题。小学行政管理工作者意识到位置的重要性，理解工作的性质与功能，同时落实好责任与义务，能够用可持续性发展的模式看待行政权力与学术权力间的关系，将人文关怀落实到行政管理工作宗旨中。

2. 提升学校工作效率

在小学行政管理工作中，部分部门存在重复设置、职能重合等问题，在很大程度上浪费了行政管理资源，导致行政管理效率低下。我国部分小学在行政管理体制上难以适应教育环境的发展，对小学行政管理工作方式进行革新非常重要。小学行政管理工作还要承担社会责任感，确保岗位与职责的明确相符合，同时通过落实好考评机制、岗位规划机制以及激励机制，从而落实好行政管理的优化工作。在学业指导上来看，由于应试教育的影响，过于关注教学的竞技性以学生成绩，忽略了学生素养的培养。互联网时代下，虽然学生可以轻易得到课程的课后习题答案，但不应过于拘泥于答案本身，而忽略了个人思考。很多学生在学习课程期间，并未理解内容真谛，随着教师的引导，理解随之深入，使学生越发意识到千百年来能够流传下来的文化是精髓。这也是将核心素养融入课程中，给予当代小学生价值观的重要影响。过于注重技术的讲解、不关心学生的心理素质、不灵活的教育模式未渗透出人文关怀，难以提升学生的综合素养，由此可见，开展丰富的课程活动是非常必要的。对于考评机制的构建而言，小学必须重视行政管理工作考评内容与考评指标，同时研读考评工作细节，为行政管理营造民主和谐的氛围。对于构建考评机制而言，小学需要落实好合理分配机制，确保考评与薪酬机制发挥出优势。对于岗位规划机制的构建看，小学必须作出系统合理规划，落实好人力资源的优化配置工作。晋升空间能增强行政管理人员的工作积极性，为高校发展提供更多优质的服务。小学还必须结合评价机制，充分利用激励机制调动行政管理工作者的工作热情，关注行政管理人员专业素养的提升，从而为行政管理工作成效的提升做出良好铺垫。

3. 提升各部门工作效率

新常态背景下，小学行政管理工作必须秉承公平民主的原则，给予不同部门之间沟通的渠道，实现部门与人员的有序协作与沟通，从而为行政管理工作成效的提升做出重要贡献。行政管理人员应加大学习量，拓展知识范畴，完善知识体系，从而提升综合素养。学校应定期组织行政管理人员开展培训教育活动，更新知识结构，运用现代化教学设备提升教师的引导能力。行政管理人员在作业期间会遇到部分问题与疑惑，专业的培训教育活动能提升行政部门的整体素质。对于新员工而言，需要进行专业的岗前培训测试。为了使行政管理科学化达到目标，培训模式、内容都应具备创新性与实用性，围绕目标来落实，及时解决行政管理人员在就业期间的疑惑点，同时，采用科学合理的考核模式、奖励方式提升其工作积极性。行政管理评价机制应高效科学，应改善传统体系中的标准，创设教师、学生、同事参与评价的综合体系，该体系能缓解行政管理人员的教学压力，发挥其在工作过程中的引导作用。此外，小学还可以采用年终总结、阶段性通告等模式，增强行政管理工作的透明度，及时改善由信息不对称所产生的问题，实现行政管理工作信息准确的传达，同时落实好学生的反馈信息的收集环节。

三、教育目标的确定

教育是培养人的社会活动，教育内容都是课程所体现并实施的。"课程"体现了其目的性、计划性、组织性。在编制课程时，由于组织、选择教育内容的原理不同，便产生了不同的课程。有"现代课程理论之父"之称的泰勒认为：课程是学校为了达到其教育目的而设计并指导的学生所有的学习，提出了课程开发的四个基本问题，其中他将确定教育目标视为最关键的一环。

（一）影响教育目标确定的因素

对于该从哪些来源来确定教育目标这一问题，影响教育目标确定的因素有很多，不能从单一的方面来考虑。由此，也即是泰勒在其书中阐述的"任何单一的信息来源，都不足以提供能让学校为教育目标做出全面且理性的决定的基础"。同时，他将来源归结为三大类：对学习者本身的研究、对当代校外生活的研究、学科专家对目标的建议。首先是对于学习者的研究，泰勒是从两个方面来阐述对学习者本身的研究的，一是需要、二是兴趣。有兴趣的内容才是最易学的内容，教育目标应该从学生每个阶段的需要着手。例如，学生在小学阶段活泼好动，因此丰富多彩的活动就是他们所需要的；而在大学阶段，学生面临就业的压力，因此实践性课程的开展就是他们所需要的。其次是对于当代校外生活的研究，因为学生是社会中的个体，不可能脱离社会生活，学校教育教授学生适应社会生活的知识，比如当下社会科学技术快速发展，电脑的使用已经渗透到生活的方方面面。因此，这里的信息技术课能将学生的校内生活与当代的校外生活紧密联系在一起。

最后，学科专家的建议也是确定教育目标时的一个重要来源。虽然从他们的角度出发制定出的教育目标可能过于学术化、专业性强和不贴近生活，但却是他们多年经验总结出的成果，其知识性与教育性相对而言必然是不能忽视的。

（二）选择教育目标的方法

通过之前的叙述，可以知道教育目标可以从学生的兴趣和需要、当代校外生活以及学科专家的建议出发来确定。但是，如何从三者中得出最佳且最合适的教育目标是确定教育目标的关键一环。泰勒认为最后真正地确定教育目标需要过两道筛子，即哲学和学习心理学。首先，哲学特别是教育哲学的任务是概述出人们所认可的价值观。当学校接受这些价值理念并将其作为学校教育的基础时，那么这些价值就将成为学校要在教育计划中实现的价值。第二道筛子就是学习心理学，利用学习心理学来选择目标，这一方法是与对学习者本身的研究分不开的。因为"在最低层面上，学习心理学这门学问，能使我们分辨出人类的哪些变化是可以期望通过学习过程产生的，而哪些是不可以的"。儿童期是具有可塑性的时期，通过学习，儿童能使其身体反应趋于更符合社会期望的方向，但却不能完全抑制其身体反应。而学习心理学在较高层面上，能够使我们分辨出哪些目标是可以达到的，而哪些是不可行的。学习心理学除了以上两个作用外，还涉及教材的适应性。学习心理学告诉我们达到一个目标需要花多长时间，在哪个年龄段做这样的努力最有效率。

当我们依据这一观点为各年级或各年龄段的学生确立教育目标时，这个过程就被称为"年级安排"。学习心理学能影响教育目标的选择及其安排顺序，还能研究学习者对知识的遗忘速度来影响教育目标的实现时间，即学生有机会在日常生活中具体运用的知识，这些知识的教育目标则更容易实现。由三种来源而获得的三种目标经过教育哲学和学习心理学这两道筛子能从所建议的目标中选择出少量且彼此一致又非常重要的目标。如何使教育目标落实到实际教学情境中去，当确定了学校教育该以何种教育目标为中心后，接下来就是怎么实施的问题了。教育目标是教学过程中最核心的东西，如何使教育目标落实到实际教学情境中去是最为关键的问题。

（三）评估教育目标的忠实性

教育事业的发展与社会的发展是密切联系着的，社会发展的快速性与多样性要求学校教育所培养的人才也应是符合社会多方面要求的综合人才。1985 年中央颁布的《中共中央关于教育体制改革的决定》中明确指出改革的根本目的是提高民族素质，素质一词重视人的思想道德素质、能力培养、个性发展、身体健康和心理健康教育。因此，学校教育对应的教育目标便是以培养素质教育为中心，而在各个学校具体实施的过程中却往往偏离了这一发展方向。由于素质教育要求的是多方面的人才，因此，之前未被重视的体育、美术等兴趣课程被提到了重要位置，课程内容也开始变得繁杂与多样化。可是随之发生的改变就是，校外的各种兴趣辅导班像雨后春笋般应运而生，学生不仅要顾及一直被重视的所谓的主修课程的学习，还要花较多的时间去保证一直以来作为爱好的课程不拖后腿。显然素质教育的初衷最终变成了应试教育。

（四）评价的必要性

通过评价的实施，我们才能发现课程的实际效果。由于实际的教学程序中包含了相当多的变量，不能保证我们要提供给学生的学习经验就是学习单元中勾勒出来的经验。一项教育目标应该包含有前测与后测。因为评估的目的是要看这些教育目标在多大程度上被实现了，而评估的方式都是优劣兼并的。评估的结果就是，我们有可能指出一门课程在哪些方面是有效的，而在哪些方面又是无效的。评估的结果是表明学生目前成绩的一个剖析面，或者是一组综合的描述性的术语。

泰勒原理的提出，虽然是在特定环境条件下的产物，但其存在的很多合理的成分对于我国的课程改革却有着很大的借鉴意义。泰勒所阐述的教育目标的来源是古往今来一直都是需要考虑的，但除此之外，还应结合我国的实际，还要注重各个地方区域的特色，校本课程与国家课程的融合。比如，少数民族的民族语不能被舍弃，地方的乡土文化应该被合理利用等。教育目标的制定并非一成不变的，持续的检验与改进是符合时代发展也是符合学生受教育的特性的。

四、教育目标的管理

(一) 明确学校的办学定位

精准的办学定位是学校发展战略的第一要务，是学校高质量发展的前提，应重点关注以下四个方面问题。

第一，遵循国家教育政策要求。新建公办中小学校必须紧紧围绕"培养什么人""怎样培养人""为谁培养人"的时代之问，旗帜鲜明地拥护党的领导，坚持社会主义办学方向，全面贯彻国家的教育方针，落实立德树人根本任务，改革创新，培养一代又一代德智体美劳全面发展的社会主义建设者和接班人，把建设教育强国、办好人民满意的教育作为学校发展的根本定位。与此同时，学校还必须深入研究、准确把握政府对学校所在区域的总体定位，从而系统思考学校的办学定位。学校定位不同，其今后发展的路径也必定有较大差异。

第二，满足群众对优质教育的需要。当前，我国教育的主要矛盾是人民群众对优质教育的需要与优质教育供给不平衡不充分之间的矛盾。在今后一段时期，部分区域的居民构成必将发生明显变化，当下低端产业聚集区的人口素质，必将随着城市的发展和产业的转型升级而改善。该区域群众的教育需求也必然随之提高。新建公办中小学校，不仅要解决教育需求的问题，而且要承担提供优质教育的使命。因此，新建公办中小学校应视质量为生命，坚持质量立校，坚持高标准高起点，运用创新举措提供优质教育资源，以不断满足市民高质量教育需要。

第三，逐步形成学校发展特色。学校一切工作的出发点和最终目的是为人民服务，满足人民群众日益增长的教育需要。学校必须充分考虑群众对于教育的核心诉求是什么、学校所处的区域是什么、辐射的范围有多大、辐射范围内的主要产业有哪些等问题。在此基础上，结合学校实际情况、学校可融合使用的社会资源、学生个体差异、区域具体需求，从而确定学校的发展特色，满足学校辐射范围内群众的教育需要。通过彰显特色的方式提升学校品牌，促进教师专业化成长和学生个性化发展，为新建中小学校高质量发展提供了有益借鉴。

第四，积极拓展各类办学资源。教育资源特别是优质教育资源，包括区位定位、硬件设施、师资力量、办学经费等，这些资源从来都不是富集的，而是不足的甚至稀缺的。学校必须仔细梳理办学资源，理清哪些是已经具有的、哪些是近期可以争取的、哪些是远期可能获得的，包括其他可利用的社会资源。新建学校虽然建筑面积是确定的，政府或其他投资方给予的办学经费也是确定的，政策环境等方面也基本是确定的，短时间不会有重大变化，但是学校周边社区资源、高校科研院所、博物场馆等资源则可以大力争取。通过努力，突破学校办学的资源边界，可以有效助推学校高质量发展。

（二）建立完善的运行机制和管理制度

制度建设既是学校发展的基石，也是维护学校稳定的保障。学校创建初期的制度以及由此逐渐形成的传统和文化对学校长远发展具有重要影响。新建学校必须高度重视制度建设，不断完善各种制度，形成良好的办学机制和制度文化环境，为学校高质量发展奠定坚实的基础。

第一，建构核心理念体系。办学理念是学校高质量发展的灵魂。学校开办之初，要通过专家咨询、教职工民主讨论等多种形式反复斟酌，确立学校发展的核心理念。在此基础上提炼学校的办学思想、管理思想，建设良好的校风包括政风、教风、学风，既要做到高屋建瓴、着眼长远，又要做到符合实际、脚踏实地，为进一步形成学校办学特色奠定良好的基础。

第二，建立完善的体制机制。新建公办小学校要按照《依法治校——建设现代学校制度实施纲要（征求意见稿）》《义务教育学校管理标准》等文件要求，不断建立并完善学校治理机制和具体制度，确保学校行政管理、教育教学、教育科研、后勤服务等方面都做到理念在先、章程在前、有章可循、有规可依，降低管理和运行成本，实现新建公办中小学校制度建设方面的跨越式发展，从而提高办学效益，推动学校高质量发展。

第三，有效实施目标引领。在综合考虑政策要求、群众需求、可用资源的基础上，学校建校之初应制定短、中、长期发展规划，确立阶段性发展目标。许多学校建校后，将学校阶段性发展目标与争创各级各类"品牌"学校，如阳光体育示范学校、心理健康教育实验学校、艺术特色学校，以及文明单位、校风示范学校、新优质学校等有机结合，通过逐步实现阶段性目标而凝聚发展合力，提高学校的社会影响，赢得各级政府、广大师生及社会各界的认可，从而为学校长期稳定高质量特色发展奠定坚实的基础。这种以争创品牌为阶段性目标，以阶段性目标达成驱动学校快速发展的方式，不失为新建公办中小学校建校初期推动学校高质量发展的有益尝试。

（三）大力加强团队建设

新建学校要实现高质量特色发展，离不开一支高层次引领与指导的专家学者团队，离不开一支理念先进、水平高超的管理团队，离不开一支师德高尚、技能精湛的教师团队，也离不开一支敬业、勤奋、务实、高效的行政后勤团队。

第一，建立多元多维的专家指导团队。新建中小学校可以通过建立学校发展咨询委员会、专家指导委员会、顾问团等形式，广泛延请教育教学、行政管理、财务、基建、宣传等各方面专家组成学校发展的"智库"，为学校高质量发展问诊把脉、建言献策，为学校发展提供政策咨询和智力支持。

第二，建设团结向上的核心管理团队。学校的管理团队包括校级领导班子、中层部门负责人以及年级和学科负责人三个层面。其中，学校领导班子是决策核心团队，中层干部是协调核心团队，年级和学科负责人是执行核心团队。在建设核心管理团队的过程中，新建学校要注重严格管理与人文关怀相结合，规范管理与创新创造相结合，长期制度与临时措施相结合。在具体管理中应努力做到职责明确，权利义务统一，形成业绩优先的管理文化；要注重情感交流，营造良好氛围，形成互信、互补的团队风气；要注重集体学习，助力团队成员内在成长，提高团队管理水平；要注重文化引领，用学校理念凝聚团队向心力。

第三，培育师德高尚的教师团队。教师是学校教育教学工作的具体承担者，也是学校文化的主要传承者，更是课堂教学质量的保障者。高水平的教师队伍对学校学科教学、文化传承、扩大影响、提升品位起着决定性作用。加强教师队伍建设，需注重师德师风建设，把师德师风标准作为教师成长的第一标准，引导教师形成"一切为了学生发展"的教育理念；要注重理论学习，引导教师不断拓宽视野，增强本领，提高教育教学水平；要注重典型引领，引导骨干教师通过示范课、研究课、琢课磨课等方式，带动全体教师成长；要注重鼓励激励，采用多种方式鼓励教师钻研业务、适应环境、融入集体、不断成长。此外，学校还应积极搭建平台，营造适合教师成长的软硬件环境，形成鼓励教师成长发展的校园文化氛围。

第四，打造专业精进的行政、后勤团队。行政、后勤服务工作是学校正常运行的基础保障。新建学校要让行政、后勤职工明确学校发展目标、培训其专业技能、提升其服务意识、设定奖惩制度，引导他们与一线教职工有效沟通、相互信任，逐渐形成精于专业、稳定高效的行政、后勤服务团队，为学校高质量发展提供坚实的后勤支持和保障。

五、教育计划的制定与管理

(一) 教育计划的制定

计划是管理决策的排列组合。是对决策的扩展、延伸，是对决策目标结构的具体化分解，是对决策实施策略的谋划设计和目标实现的保证。"十年树木，百年树人"，教育工作的特殊性要求我们确保不出"残次品"，更不能出"危险品"，我们必须有效地避免工作中的失误，减少盲目性与随意性，增强科学性与计划性。因此，制定出一个切实可行而又具有正确导向的统一思想行动的纲领，学校工作计划就尤为重要。

学校的工作计划必须以先进正确的教育思想和理念为指导，以科学有序的目标体系为导向，以准确清晰的思路为途径，以具体有力的措施为保证。并且根据学校教育教学工作及其规律，建立起系统完善的目标管理与计划管理的科学机制。这是学校工作计划应具备的作用和我们制定好学校工作计划的依据。在制定学校工作计划中，必须始终把握好"三个依据""两个原则"。即计划的制定，一是要依据学校的整体工作规划所提出的目标和任务及其进展情况；二是要依据上级教育行政主管部门安排的工作要求及"指令"；三是要依据学校教育教学改革与发展状况和所具备的条件。制定的过程要遵循：一是全员参与广泛认同的原则；二是计划可行性和目标可达成性原则。学校工作计划的制定，首先由校长根据国家法定的教育方针，在先进教育思想和办学理念、管理策略指导下，经过深思熟虑，调查研究与论证后确定出本学年度学校工作的指导思想（核心教育方针）、总体工作目标（核心培养目标），设定实现总目标的最优最佳工作方略——总体工作思路（核心"两规"即遵守素质教育规则、遵循素质教育规律），根据"三个依据"渗透自己的办学思想和管学治校方略与思路，以及对学校管理和教育教学工作的科学摆布与设计。经过反复酝酿，融会自己的创意，执笔形成学校工作计划初稿（这是作为法人代表的校长应尽的职责和应具备的素质要求）。然后，提交学校党支部、工会、教代会、家长代表会、班子成员集体讨论研究、修改、补充，成讨论稿；再吸收中层领导、部门负责人等再讨论、研究、修改、补充，成修订稿；最后，提交全体教职工大会学习讨论通过，为定稿。定稿通过后，就生效为学校的阶段工作行动纲领——学校工作计划。可以看到，学校工作计划的制定过程是一个充分广泛发动群众的集思广益、群策群力的民主决策过程，也是动员和调动群众，统一思想意志、凝聚力量、智慧、自我教育、自我完善的民主管理过程。

（二）教育计划的管理

教育计划的制定与管理是教育计划工作紧密联系的两个方面。制定教育管理计划，就是为了进行教育计划管理；要进行教育计划管理，就必须有科学可行的教育管理计划。要实施计划管理，必须先制定管理计划；要将管理计划的蓝图变为现实、达到计划目标，必须进行切实有效的计划管理。

教育管理计划的编制与批准，只是计划工作的开始，更重要的是组织计划的贯彻执行。合理的教育管理计划，只有贯彻执行得力，才能达到计划目标，充分发挥教育的经济社会职能；不合理或不很科学的教育管理计划（或计划中的部分），如果在制定过程中无法避免其不合理、不科学的成分（这是在主观成分很大的非物质生产部门计划中，很难避免的现象），也只有在认真贯彻执行的过程中，通过严格的教育计划管理，才能得以修正。可见教育计划管理是很重要的。所谓教育计划管理，即用教育计划管理来组织、指导调节整个教育事业及各部门、各层级、各单位教育工作的一系列管理工作的总称。教育计划管理，如果从广义理解，它包括计划的制定审批、贯彻执行、控制监督、检查调整、总结评价等。我们这里所指的计划管理，不包括计划的制定审批，即从教育管理计划批准时起，到计划目标实现为止的全部活动过程。

第二章　小学管理班规的制定与实施

　　班级是学校实施教育教学工作的基本单位，班级管理建设是班级正常开展工作的重要保证。因此，科学规范的班规制度成为学校班级管理的重要组成部分。小学阶段班规的制定与实施对于开展小学德育教育、养成良好行为习惯发挥了重要影响作用。完善的班规制度能够推动班级整体建设、提升班级管理质量，是当前小学阶段班级管理工作的核心内容。

　　深入探究小学班级班规制定与实施，是实现学校人才培养使命、提升教育管理质量、实现人文教育关怀目标的重要体现。传统小学管理工作重点在于通过班规的制定实施对学生的规范化统一管理，忽视了对学生的人文教育和管理文化理解，班规在制定与实施的过程中往往单纯强调了制度的管理，忽略了班规制度的育人功能。

　　小学阶段的学生正处于思想与行为的塑形阶段，以班规制度进行学生良好行为习惯的规范教育，养成规则意识与社会责任意识对学生的健康成长具有举足轻重的作用。在班规制定的过程中，践行师生平等理念，倡导师生合作意识，追求师生共赢价值，确保小学班规的民主性与协商性。在班规实施过程中，以全体动员、平稳实施、重点突出为主要特征的形式，确保班规实施落实到每名学生，促进每名学生的主体意识建立，大力弘扬优秀群体的榜样示范精神。

第一节　小学管理中制定班规的重要性

班级作为学校教育基本的组成单位，既是教育教学、纪律规范的基本单位，也是学生成长和学生交往的最小环境。班级是学生学习也是学生在校生活的重要场所。在小学阶段，班规是对班级成员有指导与约束作用的行为规范，作为班级管理的手段被普遍采用。小学是一个人成长发展的初级阶段，对学生今后的身心健康成长与人格塑造具有重要意义。

良好健康的小学班规能够促进学生在小学学习与生活过程中养成科学的行为与学习习惯，树立规则意识、责任理念、团队精神等，是学校实施德育工作的重要抓手，也是培养学生公民意识的重要途径。小学班级管理工作中重视班规的制定与实施，能够有力地建立并维护班级秩序，促使学生形成团结民主、互助积极的班级生活与学习氛围，从而对学生的学习与生活起到促进作用，实现班级管理总体目标。

小学高年级（五至六年级）是作为义务教育中五年级至六年级学习阶段，学生进入身心发育发展快速期，人格塑造与品德培养在这一时期显得尤为关键，因此学校德育工作的重点在于教育引导学生树立健康、正确的人生观与价值观，形成良好的社会责任意识。小学高年级班规建设是学校和班级实施教育管理的重要环节。班规制度的建立与完善，关系到学校制度建设与学生德育管理等重要教育内容。制度以过程的形态展现，学校与班级制度的生成也是动态发展的具体化演变。

小学高年级班规制度的建立与实施涉及诸多方面，例如在制度建立过程中，组织者与参与者的关系、制度建立的缘起、制度内容覆盖方面、制度实施的保障系统、制度制定的具体办法等，这些问题在本研究的开展中将得到逐一呈现。

尽管班规制度是学校管理工作的最小单位制度，但这是学校基本制度的重要单位与监督管理环节。目前，小学阶段班主任进行班级管理主要依据自身多年实践经验，围绕班级问题实施以规范秩序为单一目的的班级管理活动，制定班规主要依据班级实际存在的问题，设置班规具体规则条款。

当前，小学班规建立与实施存在诸多问题，有些班规的制定与现代教育管理理念与宗旨相悖，班级专制化管理色彩浓重，班级管理浮于表面，未从深层次挖掘学生的班级主体作用，忽视了小学生作为班级管理主体的积极作用与主动性发挥。

小学高年级的班规制定与实施，不应仅仅停留在制度约束层面，而应该通过纪律与秩序的规范，对学生身心发展给予深度关怀。由此可见，对小学高年级班规制定与实施进行全面梳理与研究，是解决当前小学班级管理工作瓶颈问题的必经之路。

第二节　制定班规的目的

一、建设有秩序的班级

小学班级内部学生构成较为复杂，来自不同家庭环境的小学生拥有不同家庭教养方式、文化背景与兴趣爱好、行为习惯等，学生个性差异较大。几十名小学生组建的班级，班主任如果放任每一个学生的自由随意行为，将会对整个班级管理与建设工作造成重大障碍。班级管理中的问题学生通常会影响整个班级秩序的建立，假如问题学生在班级总人数中占据四分之一以上，则会直接造成班级的无序管理后果，学生们难以形成规范意识与规则意识。

　　为了对班级实施科学化管理、建立良好的班级秩序，最高效的办法就是制定并实施班级规章制度，以此制度对班级内部学生予以规范化管理与约束。众所周知，班级内部成员之间随时会出现矛盾冲突，特别是小学阶段班级管理工作，解决班级内部矛盾已经成为班主任日常班级管理工作的主要内容。因此，班规的制定与实施显得尤为必要和重要。以每个班级成员都必须遵守的行为准则对学生加以管束和引导，减少班级成员矛盾冲突的不确定性，营造和谐的班级秩序。

　　良性制度的重要价值就在于帮助人们降低社会生活过程中用于沟通协调的成本总值，以制度的形式规范个体行为，能够有效减少个体之间的矛盾摩擦次数。对于班级管理中的学生之间的矛盾问题，应用班规内容予以制度化解决，保证既快速又公平地处理班级管理问题，保证班级内部管理工作顺利开展。

二、帮助学生养成良好的习惯

　　细节问题对于个体行为的习惯养成与最终结果起到了关键性作用，个体行为的健康、有序、有礼体现在言谈举止的细节之中，个体良好习惯的建立与养成也是细节行为的日积月累。小学阶段是学生处于身心发展的关键时期，学生的学习与生活、沟通与交际都离不开学校与教师的指引与管理。

小学班规的制定与实施能够从意识养成与习惯建立的高度，对小学生行为进行科学化规范约束，提升学生的公共管理意识与公民意识，让学生从小树立科学、健康的社会化行为范式，为学生未来健康的社会生活打下坚实基础。学生行为习惯的养成一方面需要家庭教育的不懈努力，另一方面需要学校德育工作的有序开展。班级内部建立班规制度，对于学校内塑造学生良好的行为习惯具有重要意义。

班规的重要功能并不在于对学生的赏罚，而是以科学的社会化管理模式帮助学生形成社会规范意识。学生以公民意识指导和规范自身言行，从而保障班级制度的有效执行。班规的制定与实施在小学班级管理工作中，主要是对学生的习惯养成起到引领推动作用，多以激励鼓舞的形式促进学生自觉自愿地遵守班级规范制度，激励学生良好行为的产生并长久维持。班规以其强烈的规范作用，在班级内部成员中形成感召力与驱动力，具有较强操作性的班规能够事半功倍地辅助班级管理与品德教育工作的开展。

三、培养学生的规则意识

制度对于个体行为与意识的规范与引导作用主要体现为以下两点：

首先，规范制度的权威性以外部力量限制个体行为，使个体充分意识到自身言行举止是否合乎规范，以此调整自身行为。

其次，个体通过对规范制度的遵守，逐渐将规范制度内化为行为意识与理念，全面自觉地养成良好的行为意识。

小学高年级班规的制定与实施正是基于制度的以上两种体现，在小学高年级学段对学生的行为举止进行具体化、社会化规范，培养学生良好的学习与生活规则意识，例如何种行为不被允许、倡导的行为举止有何意义与价值等，以制度形式向学生展示行动信息的指引，建立学生良好的行为理念。小学阶段对学生公民意识的培养重点在于规则意识的养成，有的专家学者对于规则意识的内涵提出多重含义解读，即规则意识是社会公共准则的判定与协调能力，是个体在社会中活动的基本行为依据。

儿童规则意识的建立与规则行为培养，是发展儿童社会化行为的重要内容与标准，儿童社会化成熟的重要标志在于其规则意识的养成与遵守。小学班级内部制定并实施班级规则，发动学生参与到班级规则的制定之中，学生们通过共同协商与讨论，最终形成全体学生认可的班级规则，以制度化的形式确定下来，全班学生共同遵守并相互监督执行。班级规则的建立能够保证班级管理制度有效运行，学生在班规约束下逐渐内化自身的良好行为习惯，最终达到学生自我管理的良好状态。

四、增强学生的平等意识

现代社会发展的重要标志是平等意识、协商意识的建立与发展，作为独立自主的个体，人在社会环境中的主体地位体现为平等协商的执行与保障。小学班级内部的每一位成员，不论是班级干部还是普通同学，不论是成绩优异能力突出的学生还是成绩一般能力较弱的学生，都平等拥有表达意愿的权利。班级内部成员之间以平等协商的方式进行交流沟通，共同参与到班级建设与管理之中，为班级管理工作贡献自己的力量。

班规的制定体现学生的平等协商意识水平，学生在班级公共生活中平等交流，既发表自己的看法意见，又尊重他人的选择与需要。小学班级管理需要使学生认识到，没有压制与强制的公共关系是至关重要的，这是现代公民的必备意识与精神。学生在参与班规制定与实施的过程中，建立理性思考与平等意识，合理判断并追求班级管理目标，进而影响自身的社会生活意识。现代化社会发展提倡公民以平等的地位参与社会活动，而班级管理正是学生未来参与的社会生活缩影。班规的管理范围是全体学生，尽管绝对的平等是不存在的，但是在有限范围内追求个体平等发展与竞争的目标是能够在班规制度保障下实现的。

第三节　相关概念解释

一、小学班级管理

在具体化的学校教育结构中，班级管理占据重要地位，是学校实施教育培养措施的重要组成部分。教师对学生实施教育引导与管理约束，是班级管理的重要内容，学生之间相互管理与监督也是班级管理的组成部分。班级管理的出发点与落脚点均是对学生身心成长的关注，合理实施班级管理步骤，有效提升学生综合能力与素质，是班级管理的最终目的。

小学班级管理主要针对小学学段学生，对小学学生的日常行为、言谈、思想、习惯等进行科学引导与规范约束，促使学生在小学学段形成良好的行为习惯与价值理念，增强学生自我管理与约束的能力，进而更好地适应社会生活与学校生活，使学生身心健康地成长。

二、班规

从规范的主体来看，教师和学生都是班规约束管理的对象，师生共同遵守班规制度；从班规的形态来看，作为学校管理制度化、特殊化的形式，班规代表了明文规定与约定俗成的制度形式，包括纪律、学习卫生、礼仪等内容在内的班规制度，体现了不同班级进行管理的具体化需要。

班规具有特殊性，主要在于不同班级内部学生的具体情况与需要不同，因此班规需要结合本班实际情况随时做出调整；从动态过程来看，班规制度包含了班规制定、班规实施两大部分：班规的制定需要结合实施主体、管理内容、发展目标等因素；班规的实施需要侧重对制度的监督执行与评价反馈等环节。

第四节　　班规的实施及存在的问题

一、班规的实施

样本班级的班规实施主要选取了学生的民主监督方式，对于班规整体内容的实施进行全方位督察管理，班规的主要内容倾向于学生在校行为的习惯培养，对于班规执行过程的监督与管理，可以有效增强学生班级公民意识和主人翁精神的发挥，在日常学习与生活中，学生积极关注班级建设活动，认真检查班规执行过程中出现的各种问题，以此内化班规内容，对于行为纠正具有深远作用。对班规内容形成一致认同，增强小学高年级班规内容的实践性与科学性。与此同时，及时发现班规执行过程中出现的问题，并加以调整优化。

（一）增强学生的参与意识

样本班级的班规实施过程周期为 3 个月，这是学生的公民意识与行为习惯养成的最短周期。班规实施初始阶段，为了突出班规制度的严肃性与客观性，教师选取评比优化方式，以每周为学习单位，对于周期内违反班规制度的学生加以惩戒，举行每周一次的班规行为评定活动，能够以评分的形式为学生行为进行记录。

这样的班规实施活动，能够让学生更加主动积极地参与到班规实施，并且有力带动学生参与班级建设和管理工作之中，能够平等公平地对班规实施督察，对班规制度的实施，能够增强学生对于班规内容和执行形式基本内涵的正确理解，有效提升学生的公民意识，平等意识以及责权意识。在规范化的班规实施过程中，学生的参与意识与规则意识也加以增强。

（二）融入教学与课堂管理

学生良好行为习惯的培养与建立，离不开长时间的潜移默化影响。班规制度下的学习行为与生活行为习惯也是一个动态发展变化的过程。在针对班规制度实施的行动研究过程中，重点围绕学生的日常生活、学习、卫生、纪律等方面进行调查研究与观察总结。

样本班级坚持学生习惯养成的内化于心原则，通过反复强化日常教学与管理，强化对学生形成相对稳定的习惯培养方式，任课教师在课堂活动过程中针对班规内容，帮助学生建立良好的学习行为习惯，以统一化的学习要求帮助学生认识并理解学习习惯的重要性。

在班级纪律方面，研究者通过对学生的日常行为观察与记录，发现班规制度实施过程中的奖励与惩罚能够有效促进学生的民主意识，养成学生之间通过相互监督和鼓励的方式，营建良好的班集体行为环境和班风；在卫生行为习惯方面，样本班级依靠民主监督管理的方法，通过卫生委员对于班规中卫生习惯条款任务的安排，对学生之间形成监督提醒，帮助学生依照班规中的卫生行为习惯，帮助学生认识并深化生活中行为习惯的重要性，形成家校合力教育管理。

二、存在的问题

（一）班规的内容方面

学校已经试图在宏观的社会要求和微观的个体发展需要之间建立一种连接，并从工作制度、人才队伍、活动机制、班级建设、评比机制、校园物质环境布置等方面制定了全方位的措施，以保证目标的实现。然而，班级是学校开展教育活动的基本单位，学校规划的实施场所主要是班级，班级是学生生活的直接环境，班级生活的状况直接影响宏观和微观层面目标的实现。

在班级规范的运行过程中，教师受教学压力和自身素质影响，无法全面落实学校的相关规划。

一方面，教师在组织班级活动时，还是以学校布置的任务为主，很少从自己班级学生的成长状态出发进行理性设计；另一方面，在日常班级生活中，教师重视常规，很少从理想层面对学生进行引导；同时，教师占据了主导地位，学生被迫遵守规范。

（二）班规的制定过程方面

班规作为小学班级管理与建设中的制度保障，体现为不同学段学生与教师之间相互沟通的情感表现。小学阶段学生经历 6 年时间的学习与生活，从低学段到高学段的过渡过程中，班规的制定也经历了一个发展变化的过程。

在班规制定的过程中，通常会由教师在课堂上讲述一下班规制定的一些注意事项和原则。然后，全班同学在课下先去考虑自己在班级管理的各方面，诸如纪律、卫生、课堂作业、安全、保护公物等的期望与要求，并将其罗列起来，作为班规讨论制定的基础。当然，作为班级中的一员，教师也会根据自己所秉持的管理理念和个人喜好将自己对班级管理的期望与要求进行整理。在师生相关资料搜集充实、考虑因素周全的情况下，这时再通过全班讨论的方式，发展并建立起一套体现自己班级特色的常规体系。

（三）班规的制定方式方面

班规的制定方式需要结合本班级的具体情况，这就要求班级内部成员积极参与到班规的制定过程之中，表达自己对班规内容与形式的要求。鼓励学生参与班规制定，能够促使学生充分意识到自身对于班级成长的主人翁作用，明确自身的职责与任务，建立责任与担当意识。有的班级在班规制定时，班主任老师选取学习成绩好的学生发表意见，或者按照学生学号制定班级管理任务，这样的班规制定并不能充分符合学生需求。

小学班规制定时，如果没有明确各个负责人的具体化事务，那么在班规执行的过程中就会出现责任分散的现象，这是不利于班级管理与建设的。访谈中的学生大部分是班主任指派的学生干部，他们对于整个班级成员的行为都负有责任。而各个班级干部如果不清楚自身的责任，就会盲目制定班规，出现混乱状况，常常导致一盘散沙的局面。

三、实施过程中存在的问题

（一）班规的修改方面

样本学校的班规实施过程中，由班级委员会实施负责，教师鼓励学生参与到班规制定与实施之中，帮助表现优秀的学生发展自身的管理能力。

首先，班规项目交予不同班级干部负责，帮助同学们实施完成。一般情况下是合作小组的组长负责通知本组成员。当小组长对班规内容产生模糊认识时，教师则指定某些表现优秀的学生接管这一内容，并及时提醒其他同学认真完成。例如学生在语文、数学、英语等主科课堂上，纪律表现良好，但是在音乐、美术、体育等副科课堂上则会出现各种问题，针对这一情况，班级干部发挥监督提醒作用，以班规内容指导同学们的课堂行为。

其次，班规的内容是对本班级学生的行为约束和引导，因此针对班级内部成员的具体行为进行监督实施，并根据学生行为变化及时予以修正。样本班级教师认为，在班级管理过程中，通常会在每个月的月底针对学生情况对班规内容加以调整。

班规内容有的太过细致琐碎，会让学生的执行过程效率降低；有的班规项目受到学生质疑，需要加以更改优化；有的班规项目由于长时间没有达到预期效果自行停用；还有的班规内容是根据学生提出的意见加以更新调整。研究者在样本班级的班规制定与完善中，通过观察记录与访谈调查发现，大多数学生是愿意表达自己对于班规内容的意见的，他们也十分期待班规制度能够在自己的建议下做出调整优化。

（二）班规的认同方面

班规对于班级建设而言，犹如法律法规对于社会发展的性质一般，需要班级内部成员共同尊重和遵守。但是通过对学生的调查发现，小学班规的权威主要体现为学生对于班主任老师权威的认可。

小学阶段低年级学段与中年级学段学生的亲师性较强，但是学生的规则意识差；高年级学段学生的亲师性较差，而学生的反省意识、规则意识逐渐增强。小学高年级学生在班规执行过程中，往往会出现责权滥用的现象。班规实施者主要是班级干部、表现优秀的学生，而这些学生本身也存在某些不足之处，会借助班级管理权力之便，为自己的好朋友获得奖励等，这样的班规实施对于学生的身心健康成长极为不利。

班级教师应首先以身作则，对学生平等、公正，不偏袒任何人，特别是班级干部等人。教师对学生阐明班规制度的严肃性与重要性，通过班规的全员参与制定，使学生深刻体会到规则与参与的重要意义，逐渐弱化教师权威对于班规制度的影响力。

（三）班规的奖惩方面

研究者在调查分析过程中看到，大多数班级在制定班规过程中，都会设置一定的奖励与惩罚办法。但是不同班级对于奖励与惩罚的设定标准不尽相同，有的是教师个人设定，有的是按照成绩优秀的学生标准设定，还有的是根据以往经验设定。班规制度评价体系不健全、不协调的重要体现就在于奖励与惩罚措施的失衡。

四、制定过程中存在的问题

（一）缺少对学生主体地位的重视

教育研究领域针对儿童教育管理问题提出"儿童立场"这一教育概念，主要是教育组织者与执行者在行使教育策略时，以儿童视角审视教育过程。教师的教育活动遵循儿童心理发展的一般规律，能够以儿童诉求作为教育中心点，这是有效促进儿童身心成长的教育措施。儿童立场并不代表学生中心论，而是强调教师的引导教育与儿童的自主发展相互融合，协调发展，在教师教育的同时凸显儿童的自我发现与自觉成长。

当前小学阶段在班规制定与实施过程中，明显缺乏儿童立场的思考与站位，因而小学班规从表层到内里都显示出成人化教育规训色彩。班规制度缺乏儿童立场，会使教师与学生之间的良性互动受到阻碍，不利于教师对学生进行人性化教育引导。

班规的制定过程中，主体互动尤为必要，这主要在于教师对于学生的了解大部分是成人化视角对待的结果，而学生本身的认知发展与成长需求需要其自身进行表达，学生在班级管理中的自主性与潜力需要在班规制定中得以展现。而当前大部分小学教师在制定班规时，几乎不会将班规制定的自主权交给学生，忽视了学生发展与成长的可塑性与主动性。由此导致的师生关系缺乏民主对话与协商意识。

在小学班规实施过程中，学生主体立场的缺失使得班级监督管理时刻需要教师的亲力亲为，因此班级中就会时常出现各种问题而无人及时反馈，班规监督管理机制逐渐陷入瘫痪。由此可见，儿童立场的缺失导致小学班规制度失去师生双向互动、良性交流的契机，班规评价原则与方式主要源于教师，学生之间没有相互评价与监督，学生的自我认识与评价能力没有得到有效培养。

缺乏学生主体地位的班规建立与实施，容易导致班规制度不利于学生的全面发展与素质提升。小学阶段的学生的感知模式是具体化、形象化的，学生思维活动需要依靠具体事物得以完成，并且这一阶段的学生注意力的集中时间与程度都不佳，非常容易受到其他无关人事的影响而分散注意力。因此，基于小学学生的这一认知特征，班规的内容制定也应该是具体形象的，根据小学学生的理解能力制定可行性强的班规内容。

缺乏学生主体地位的小学班规制度，脱离了学生的生活实践内容，过度成人化的班规制定方式与内容容易导致班级管理的片面性。片面单一的班规制度下，教师对于学生的判断评价主要依照成绩标准，而忽视了良好行为习惯与意志品质的培养，学生的自我管理、人际交往等技能难以提高，长此以往，学生的综合能力与素质将受到极大压制。

除了班规制定内容本身具有片面性外，班规内容的表现形式也缺乏学生立场。具有学生主体地位特征的小学班规内容，应该充分结合儿童化的语言形式与记忆特征，以通俗易懂的口语化文本或朗朗上口的童谣化语言表现班规内容。反观当前小学班规的内容，大部分是成人化文本叙述，班规如军规一般严格呆板，这就使小学生失去了解班规、执行班规的积极性与自主性，难以将班规内容内化为自身行为习惯与思想意识。

（二）师生关系处理不当

科学、民主、健康的师生关系体现为教育引导与理解互动的良性循环，既不是屈从于教师权威的绝对服从，也不是任由学生意愿的纵容溺爱。小学班规制定中的师生关系应体现出教师的教育引导作用、学生的平等交流作用，教师与学生是平等人格基础上的教育促进双方。民主型师生关系能够为班级管理增添润滑剂，以协商合作的方式制定小学班规、实施小学班规，能够极大提升教师的教育管理水平与学生的综合能力素质。

当前小学班规制定过程中，教师对于学生内心需求的倾听是明显不够的，教师对于学生的学习生活需要了解的极为有限，仅从自身班级管理效果与效率出发的班规制定与实施，不利于建立和谐师生关系。我国古代便有"天地君亲师"的师道尊严，学生对于教师权威的敬畏自古有之。随着近代教育思想理念的渗透，教师虽然没有了绝对的权威，但是在实际的教学与班级管理的过程中，教师本位的思想依然存在，教师本位的师生关系影响班级管理方式。

（三）缺乏协商意识

教师与学生之间缺乏民主对话、协商合作，师生互动演变为教师的独白，没有以公民教育思想对班级管理加以指导。小学班规制订过程中，学生明显缺乏参与班级管理的意识。调查显示，小学教师制定班规时，重点关注的问题是班级管理具体事务与学生的管理素质。由于小学生的年龄特点、思维方式等具有形象化、局限性等特征，教师的强制指导难以让学生更好适应学习规范与行为规则。

小学中高年级教师为了避免出现特殊情况，不敢放手交给学生班级管理主动权，班规的制定没有民主协商。师生不平等的关系出现在小学班级管理中，学生缺少话语表达权利，班规体现教师管理意愿，这样的班规内容片面专制，学生的兴趣爱好、成长需求难以借助班规平台展现。

小学班规的实施中民主意识、协商意识淡薄的另一体现在于监督机制的不完善。由于教师和学生普遍缺乏民主监督理念，在班规执行过程中没有设立专门的监督检查机制，时常出现班内事务无人监督与指正的混乱状态。小学班规的实施需要教师调动全员参与执行，在执行过程中形成学生相互监督检查的氛围，切实以民主参与、协商合作的思想贯彻班规的实施全过程。

五、问题产生的原因

(一) 学生不关注

小学阶段的班规制定大多是由班主任教师一人决定的，学生在班规制定实施中缺位。因此，学生的主人翁意识没有充分得到发挥，在班级管理中抱以"事不关己"的心态。学生会对班级制度和班级利益产生漠视心理，长此以往会形成班级凝聚力降低，自身行为习惯被破坏，养成自由散漫的班风。班级建设工作会遭遇无人理喻的境地，学生不关心自身利益、无视班级规范制度，教师对于学生的良好行为习惯培养、优秀意志品质养成等，都将无从开展。

(二) 学生不遵守

班规作为一项严肃的制度，难免会在内容表述方面枯燥乏味，学生对于班规中的个别内容不理解，或者难以记住众多班规细则。小学阶段学生识字量有限，对于复杂的班规文本形式天然具有抗拒情绪，形式单一的班规条款，容易让小学生产生阅读厌倦情绪。

因此，学生不遵守班规制度的现象自然就会出现。还有的班级中，学生对于班规存在的重要意义理解不透彻，教师也没有对学生进行班规教育管理，学生不知道班规制度的基本内容与实施办法。

（三）奖罚不均衡

一些小学的班规形式僵化、内容枯燥，教师很少依照班级成员的实际状况和发展需要进行班规的具体化设置，班规的制定过程缺乏对班级成员的理解与关爱。单一僵化、枯燥乏味的班规内容与形式，难以有效提升班级成员良好行为发展的主动性。还有的班规制度在内容表达上，过于使用命令式、威胁式、警告式语言，并且对于学生行为的管理以惩罚为主，很少对学生实施奖励。

这样的班规内容极度缺乏人文关怀与情感投入，难以有效引导违反纪律的学生充分意识到自身做法的不当之处，加之过多惩罚措施容易导致学生的厌烦隔阂，学生更愿意按自己的意愿挣脱班规的枷锁。因此，班规的过度惩罚难以发挥较好的教育管理作用。

第五节 班规制定与实施的优化策略

一、班规优化原则

康德哲学强调理性对实践的指导价值，指出没有理念的行动是盲目的。我国先贤孟子也提出"不以规矩,不能成方圆"。在探讨了小学班规制定与实施的理论基础并考查分析了其现状后,我们在制定优化策略时应遵循以下三条原则。

(一)遵循自由与民主

小学班规的制定与实施以卢梭自然主义教育理论为基础,在班级管理过程中遵循自由理念,践行民主思想。小学阶段学生的主要学习活动、生活内容在自然法则下以本真天性展示,以自由理念贯穿的班规制度能够促进学生充分发展自身潜能,将自然成长状态带入班级管理过程之中。

小学班规的制定结合学生身心成长特征,鼓励学生民主参与到班规制定过程,帮助学生从班级管理的角度正确认识自己与发现自己。学校教育的重要目标在于发现学生并引导学生,班规制定与实施过程坚持民主思想能够为学生创造自由活动与成长的广阔空间,取代以往统一僵化的班级教育管理方式,尊重学生个体差异与个性特征。

(二)树立规则意识

小学班规制定与实施倡导道德修行,树立规则意识,坚持以康德理性教育思想作为小学班级管理的重要思想基础。学生道德品质的培养是学校超越自然功利的教育功能的重要体现。学生作为行为个体具有自由表达愿望的尊严,班规的制定与实施坚持学生的人格地位与尊严,以理性驱使个体行为,追求高尚的道德品质修行。

在班规制定与实施的过程中,学生能够在自我管理与反思的同时更加清晰、形象地认识道德品质、责任意识、实践经验等方面的宝贵经验。道德修行能够为学生建立个体意志品质基本框架,帮助学生完成由自由成长向自律成长的转化与升华。科学健康的小学班规制度使学生的行为习惯受到道德原则、规则意识的约束，在日常践行过程中学生逐渐提高自己的理性认识水平，将规则意识、责任精神内化为成长意识，形成理性行为动机与习惯。

（三）培养责任意识

小学班规制定与实施的重要功能之一是对学生进行良好的行为习惯教育，在班规制度下对学生开展公民教育，关注学生对于公民责任与义务的理解与实践，以学校视角对小学学生的公民精神进行培养。随着当前社会经济技术的发展，我国逐步实现了经济全球化、科技全球化的发展目标。国家在国际交往中的地位与作用日渐凸显，顺应这一国家发展趋势与要求，学校对学生的教育培养应关注学生的责任意识与担当，培养适应社会发展需要的新时代公民。

小学班规的制定与实施是对学生公民意志品质、公民思想政治与行为规则意识的树立与培育，能够在班规制定的过程中强化学生的新时代人生价值教育，提升学生的社会责任感。

班规制度的建立与运行是以现代化视野通观民族精神培养和国家意识培育问题，体现出了当代社会主义核心价值观的中心思想，学校教育肩负着社会发展的内容与目标，在对小学生进行公民教育实践过程中，重点引导学生学会既遵循社会的一般规律与规范，又多元化发展自身权利，以传统文化为深厚积淀的公民教育，重点在培养学生的社会规则意识与自我权利意识。

二、制定班规优化方法

教育的最高境界在于教育者的规范不在教育规定中显现出来，受教育者感受不到"禁止"的指令，而是在鼓励与激发中学习善良与优秀。小学班规制订与实施的最终目的在于培养学生的良好行为习惯与优秀品质，对小学生的意识形态教育引导与习惯养成教育是润物无声的。在班级日常管理过程中，教师借助民主的、人文的班规内容帮助学生养成好品质与好习惯。

（一）班规制定民主化

班级以教育引导的方式对学生实施管理，班规制度构建伴随时代发展与社会需求而不断发生变化，不同时代的学生有不同的成长需要，因此小学班规制订与实施应全面认识学生的时代性与特殊性。教师在班级管理中坚持师生平等的基本理念，以此推动班规制度的民主化制订。

班规制度是一种班级管理的规章制度，为了更好地规范学生行为与习惯，促进班级管理顺利实施与良性发展，教师在制定班规时应认识到这一管理方式对学生行为的约束力和引导力，同时还要看到班规制度对学生社会化发展的重要意义。班规制定与实施是培养学生良好公民意识的重要载体，学生平等参与到班规制定与实施之中，正确处理班级管理的现实问题与长远目标。

小学班规制定与实施是动态发展的教育过程，包含了班规的制定、运行、监督、评价等多个环节。学生在班规制度下逐渐明晰自身行为的合理性与否，并以他人行为作为自身行为的重要参照，明白在校生活中哪些行为是值得倡导并继续保持的，哪些行为是明令禁止并绝不能出现在自己身上的。

小学班级构建科学合理班规制度，首先要树立师生平等理念，在班规制定时教师与学生共同参与，教师充分尊重并参考学生对于班规内容的建议，正确认识班级管理的具体目标与发展方向。

21世纪的学校教育不仅关注学生的知识定位，更应顺应时代与社会要求转向全人教育定位，学生的班级管理主体地位需要在班规制定过程充分体现。现代教育理论认为个体发展的主动性是教育工作的重要目标，小学教育改革充分认识学生的教育主体地位，培养合格公民，从小学阶段为学生树立公民意识、民主意识。

学校教育并不仅仅是培养听话的乖孩子，而是培养有知识、有思想、有理想的创造性人才。很多小学班主任对于学生的管理停留在知识定位，受传统应试教育影响深重，为了完成教育教学硬性指标而忽视了班级内部成员的个性化成长与综合能力提升。基于以上情况，小学阶段应从学校层面顺应社会发展要求，正确定位班级管理目标，充分行使学校与班级管理职责，以全局教育观和公民教育思想贯穿学校与班级的管理工作。

（二）班规制定合作化

以民主性原则制定班规，首先要明确的就是班规需要遵循民主性原则。在班规制定的过程中，民主形式贯穿班规制定的始终。在学校日常行为规范基础上，选择符合本班实际情况的内容纳入班规，再经过全班学生的共同探讨。在探讨过程中，要公平对待每一名学生的意见和发言，培养学生的公民意识，最终确立班规。

确定班规的民主性目的，明确制定班规主要是促进学生民主参与班级管理，培养学生公民意识和行为习惯，而不是将班规作为教师单方向限制、约束学生的工具。不应将制定班规搞成一言堂，学生默默接受只能激发抵制情绪，班规的实施完全依靠教师，缺乏监督与反馈，其实施效果也无法保障。

注重学生的民主参与。在班规制定过程中，体现民主性原则进而达到班规制定的目的，最便捷的方式便是在班规制定的过程中，学生一定要参与其中。正如制度德育论的观点，我们应该科学利用班规，使之成为德育的教育资源。

在班规制定的过程中，学生民主参与其中，这样有利于激发学生形成主人翁意识。自己参与制定的班规，学生的心理接受程度会相对高一些，在执行时，学生也会尽力遵守，这对于培养学生的公民意识起着非常重要的作用。作为良好行为习惯养成的重要阶段，小学阶段重在塑造学生行为模式与意志品质，班规制度内容构成了学生在校生活与学习的基本行为标准，因而班规制度应为学生创设宽广的自由发展空间，激发学生自我管理的主动性与自觉性。

（三）制定班规温和化

小学班规制定内容并不在于包含学生生活的各个方面，而是以规章制度的高屋建瓴营建和谐共赢的发展氛围。班规内容涉及方面广泛，既有学生的学习生活，也有学生的日常起居生活，坚持以德、智、体、美、劳全面发展为班级管理的主旨。班规制度的科学性还体现为师生双方的权利与义务相互平衡。不存在永远的权利，也不存在绝对的义务，学生在班规制定与实施过程中明确权利与义务之间的辩证统一。

教师通过班规制度帮助学生理解自身与他人的关系，对他人负责、对集体负责，由此实现学生价值与班级价值的共赢。小学班规的实施过程需要形成发展性与创新性形态，结合班级内部实际情况及时对班规内容进行调整优化，不以一成不变的呆板制度约束学生的多元成长。教师引导学生以温和方式共同商讨班规制度的调整与实施，不同发展阶段的小学班规制度表现了学生不同成长阶段的特点与需要。面对班级、社会、学校等出现的新状况，应及时对班规作出调整修正，切实为学生的学习与生活提供便利。

师生共赢的班规制度能够体现教师与学生双方的存在价值，以人文性彰显班规制度的教育影响作用。班规内容结合小学阶段学生认知特点，注意班规表述的形象化与通俗化，尽量减少命令口吻在班规中出现的频次。即使是纠正学生的不当行为，班规也可以通过温和的方式予以表达，减少给学生带来的制度压抑感与强迫感。

三、班规实施过程的优化方法

小学班规的执行过程需要形成稳定模式，在执行过程中使学生清楚地意识到班规的重要性与必要性，班规对于学生共同需求的把握应更为准确和全面。学生在班规制定和实施的过程中具有参与权利，因此学生能够更为主动地接受班规的教育引导。

作为班级管理的小主人，学生主体意识的培养在班规执行中得以充分体现，学生之间自觉形成相互监督、相互提醒的良好班级氛围。学生的主体参与意识能够有效保证小学班规制度的稳定性与发展性，这是超越教师权威的民主氛围，学生更容易理解和尊重。小学班规在执行过程中离不开系统性、有序性，这主要在于学校方面的系统化管理与引导，教师之间认同班规制度。

与此同时，学生家长也能够充分意识到班规制度的存在，并配合学校共同遵守班规制度。小学学生不论是在学校生活还是在家庭环境中，都以统一的行为准则要求自己，这样才能有效培养学生的良好行为习惯与道德品质。小学教师积极转变班级管理理念，重视学生的主体参与意识培养，将班级管理的主动权交予学生，与学生共同建设班级、发展班级。

小学生由于年龄与心理发展局限，他们的主体意识尚且单薄，需要教师加以引导带动，强化学生对自我的管理意识，树立班级主人翁精神与合作精神。只有当学生产生身份认同感时，学生的主体作用才能够发挥出来。把小学生在班级中的主体意识培养出来，就是激发学生的班级荣誉感和班级责任感，发挥主观能动性。班级中的学生都认为班级是自己的班级，管理班级中的事务就是管理自己的事务。

（一）每个学生都要参与其中

班规是否能够培养学生的公民意识，形成良好的行为习惯，实施阶段更为重要。很多班级的班规完全由教师来制定和实施，很多一线教师都有这样的困惑，制定再好的班规，当真正的实施时，觉得很麻烦，因此不能够按设计去执行，无法真正落实也就不能取得良好效果。班规变成了"假把式"。

要使班规发挥其应有的作用，在实施期间调动学生参与监督是不可缺少的，实现学生民主监督，人人遵守班规，人人维护班规，班规便可得到实施。民主意味着学生真正地参与到班级管理中来，监督班规实施过程，进行师生对话、生生对话，只有这样才能够确保班规被班级同学所认同。

在执行班规阶段，较为重要的就是教师在其中所扮演的角色。教师虽然也是参与者，但是也具有一定的特殊性。为了使学生能够遵守班规，教师应当言而有信，保持中立，奖惩分明，不要因为某些情况拖延班规的执行。这对于班规的有效实施有很大的作用，同时对于教师树立威信也有一定的作用。

（二）培养学生主体意识

学生的主体参与意识能够有效保证小学班规制度的稳定性与发展性，这是超越教师权威的民主氛围，学生更容易理解和尊重。小学班规在执行过程中离不开系统性、有序性，这主要在于学校方面的系统化管理与引导，教师之间认同班规制度。与此同时，学生家长也能够充分意识到班规制度的存在，并配合学校共同遵守班规制度。小学生不论是在学校生活还是在家庭环境中，都以统一的行为准则要求自己，这样才能有效培养学生的良好行为习惯与道德品质。

（三）弘扬榜样精神

班规的制定与实施能够帮助学生养成良好的行为习惯，这就需要对班规制度影响教育作用具有全面、动态的认识。班规的制定需要具有突出的重点内容，以优秀的榜样为标杆，向学生传递榜样精神、集体主义精神。班规的制定需要学生在日常生活中落实到行为细节，不能只靠教师的说教对学生进行教育，而是应该以多样性、趣味性的榜样力量对学生进行行为影响教育。

班规制定与实施能够帮助学生及时修正自己的行为与品质，这是一种二次自我成长的形式，任何以体罚和变相体罚为基础的班规制度，都是不值得提倡的。教师应明确，所有形式的班规评价都是为了学生良好行为习惯养成这一最终目的服务的，不管是教育说教、榜样示范还是情感体验的教育方法，最终以无形力量对学生形成情感辐射作用，能够让学生从内心深处感到自我行为不当，从而树立良好的行为理念。

小学生是个体身心成长、个性发展的重要阶段，班级管理工作需要针对学生的身心成长规律与发展需求进行人性化、科学化的制定与实施。班级制度以班规为主要载体，尊重学生个性与兴趣，对班级成员日常行为与学习生活进行教育引导与规范约束。班规是班级管理工作的制度保证，为教师对班级实施有效高质管理奠定坚实基础。

立足学生公民意识、参与意识、责任意识的班规制定与实施，能够较好地培养学生的社会生活规则意识，建立并发扬良好的学习、生活的行为习惯，形成民主、科学、积极向上的班风。当前，我国小学阶段的班级规制定与实施活动还需进一步完善和优化，在教师与学生的共同努力下，构建班规制度良性框架结构，充分发挥学生的班级管理与自我管理主体作用，切实促进学生在班规制度规范下养成良好行为习惯与意志品质。

班规的制定与实施能够有效地增强学生在班级中的责任意识与人际交往能力，促进学生的社会化发展与成长，从而为成为合格社会公民打下坚实基础。

　　小学班级规章制度的构建是一个动态过程，在民主的班级管理中，教师更加注重学生的主体作用，更多地放权让学生参与班级管理，当然这也需要考虑到学生的身心发展特点，总的来说，是一个"由扶到放"的过程。所以笔者在论述班规的价值取向的时候是以生本理念、制度伦理和公民教育为出发点的。班规管理班级不是最终的目的，通过班规让学生养成良好的行为习惯并形成公民意识才是主要的目的，这样学生才不会被制度奴役，制度最终是为培养学生"健全之人格"而服务的。

第三章　小学教育中的教育惩戒问题

第一节　相关概念解释

一、惩戒

惩戒从词义上分析，惩：戒止、处罚，戒：警戒，意思是以处罚为手段达到警戒的目的，目的是停止或强化某些行为。《辞海》中将"惩戒"释义为"惩治过错，警戒将来"。综合起来理解为通过对不当行为进行惩处以达到警戒的目的。其中，惩是手段，戒是目的，要想达到令人满意的结果既需要合理的手段，也需要有明确的方向性的目的，所以二者实际上是相辅相成、不可分割的关系。早几年对教育惩戒问题的探讨多将其称为"惩罚"，而惩罚与惩戒相比较而言，惩罚惩处的力度更重，侧重于行为，而惩戒更强调行为结果的目的性。

二、教育惩戒

许多学者认为教育惩戒严格来讲应有广义和狭义之分。广义的教育惩戒指在教育教学活动的过程中发生的惩戒行为。大致分为三类：

第一，包括体罚和变相体罚在内的行为上的惩戒。主要是通过身体上的处罚达到警戒目的，变相体罚和体罚的主要区别即为是否发生身体上的接触。

第二，通过语言刺激或置之不理等行为产生的心理上的惩戒，或者是单纯精神上的惩戒。

第三，主要指罚款等钱款上的惩戒。

在广义的教育惩戒含义中，不区分其是否合理恰当，或惩戒的尺度是否合适，只要是发生在教育教学活动中，并力图通过惩处来警戒个体，我们都可以称之为广义的教育惩戒。而狭义的教育惩戒指的是发生在教育教学活动中合理适度的惩戒。

区别于广义的教育惩戒，狭义的教育惩戒更突出的是其行为的教育性，或称为教育价值，这种教育价值主要体现在两方面：

首先，其根本目的是为培养学生向积极向上的方向发展，无论采用何种惩戒行为，都是为了学生良好习惯的养成、道德品质的进步等。

其次，狭义的教育惩戒的教育价值体现在其实施过程中。

惩戒行为必须合法、合理、合范，本着以人为本和一切为了学生的宗旨，惩戒行为必须符合教育规律，依据教育学、心理学知识，指导惩戒行为，同时还要符合学生的身心发展规律和心理特征，尊重、爱护、保护学生的心灵，最终达到让学生知错、改错、防止范错的效果。

第二节　教育惩戒的特征

关于教育惩戒的特征，许多学者有不同的看法及分类方法。惩戒的特征主要有强制性与引导性。教育惩戒的特征为其教育性、制裁性、预防性和保护性。教育性是专家学者们普遍认同的最根本特征，制裁性主要应用于法律领域，在教育领域中不免用词过重。综上所述，教育惩戒的特征主要表现在以下三方面：

一、教育惩戒的最根本特征是教育性

教育领域的惩戒之所以区别于其他领域的惩戒，其根本原因就是它具有一定的教育价值，这种教育价值主要体现在惩戒的最终目标上。教师对学生进行适当的教育惩戒，目的是培养学生，弥补小学生没有形成独立的理性思维的缺陷，进行适当的行为矫正，以促进其健康发展。所以，一切教育惩戒都应以"为了学生"为前提。教育惩戒的教育性特征还可以表现在两方面：

一方面，是引导性力量。教育是一种"善"的学问，教师应循循善诱、谆谆教导，教育惩戒也是在教师不断的启发和引导下进行的。

另一方面，是保护性力量。教师进行教育惩戒时，针对惩戒过程中的方式和手段，教师会最大程度地保护学生身体不受侵害、心灵不受负面影响。而教师之所以惩戒，也是为了学生的社会化能够顺利进行，以防止学生在今后的生活中受到更大的"自然惩罚"，这实际上也是教师对学生长久性的保护。

二、教育惩戒具有一定的强制性

不能否认的是，教师在施行教育惩戒时是具有一定的强制性的。这种强制性是教育本身所包含的，因为教育过程本身就是束缚儿童自由的最大力量。小学生的行为基本属于本能性行为，尤其是在低年学段，教师的教育惩戒若没有一定的强制性，其惩戒也达不到预期的效果。但是教育惩戒中的强制性是富有温和和人文特质的。就像生病了要吃药，药不好吃，但还是要吃，毕竟最后的结果是好的。而惩戒时学生自然会感受到避免不了约束性，但惩戒的最终结果还是会促进学生的全面、健康发展。

三、教育惩戒具有预防性

我们认为惩戒优于惩罚，最主要的原因是"戒"字所表达的"警戒"的含义。而在教育领域中，我们尤其强调教育惩戒的实施，是希望学生在日后的学习生活中能够尽量避免犯相同的错误，耽误学习的实效。"小惩"是为了"大戒"，有效地预防学生发生违纪行为，无论是对班级的日常管理，还是对学校的秩序化管理，都有着十分重要的意义。

第三节　教育惩戒的作用

人们在审视教育教学时，常常认为激励、表扬就是积极的，给予肯定的，而说到惩戒时往往持保留态度。其实从哲学角度来看，表扬和惩戒实质上是对立统一的辩证关系，是同一问题的两个不同方面，所以当我们在重视赏识、重视鼓励的同时，也不能忽视教育惩戒不可替代的教育功能。合理适度的教育惩戒的作用主要体现在四个方面：

第一，合理适度的教育惩戒能够促进学生规则意识的培养。无规矩不成方圆，当学生处于群体之中，规则意识可以促进学生进行个体间的合作，而当学生独立面对问题时，规则意识也能促进其良好习惯的养成。

当学生违纪时，教师进行教育惩戒可以让全体学生明白哪些是有助于自身发展的，而哪些是作为学生不应该做的，这在小学低年级显得尤为重要。

第二，合理适度的教育惩戒可以为学生的社会化提供保障。教育为国家培养人才，从而促进社会的发展。人都避免不了会犯错，只有通过不断地试错才能成长。而在教育的初级阶段，教育惩戒显然起到了不可替代的作用。当学生犯错时，教师通过合理惩戒可以让学生向着正确的方向发展，而不是置之不理给学生提供错误的暗示，这显然可以为学生顺利地进行社会化提供了保障。

第三，合理适度的教育惩戒能够完善学生的情感体验。被惩戒本身对于学生来讲就是一种情绪体验，进行惩戒能够完善学生对情绪的全面认知，同时也可以通过惩戒来培养学生知错能改的良好习惯和坚毅的精神品质。

第四，合理适度的教育惩戒能够维护学校的日常秩序。学生的违纪行为在教育教学过程中必然无法避免，如若不做适当惩戒，学校便无法进行规范化、秩序化的管理。所以从实际来看，校方需要通过教育惩戒，去保持教育教学工作的顺利进行，这也是学校创造更多价值的基础性要求之一。

第四节　教育惩戒的依据

一、法律依据

教育惩戒的相关事宜在法律上一直处于较为灰色的地带，但只是不够完善，并非不合法理。通过对学生与学校间法律关系的探析，以及对现存教育法规中关于教育惩戒部分的仔细研读，便能有所启示。

（一）学生与学校之间的法律关系

法律关系指的是法律规范在调整人们行为过程中所产生的，以主体之间的权利与义务的形式表现出来的特殊社会关系，其内容是特定法律主体之间的权利与义务。由此可以看出，法律关系是一种受国家强制保护的特殊社会关系，当法律关系遭受侵害，当事人一方即可依法提出诉讼。而在教育法律的规范下，在教育活动中所形成的权利与义务的关系即为教育法律关系。

既然如此，要讨论教育惩戒在教育活动中是否合法，就要明确在小学生、中学生与学校之间是何种法律关系。

（二）教育惩戒的合法依据

在我国，改革开放后便陆续推出教育方面的相关法律条文。教育惩戒具有其法律依据，是应当在教育过程中合理使用的一种教育手段，在各种教育法律条文中，教育惩戒的部分主要可以概括为给予处分的权利、尊重学生禁止体罚和变相体罚两方面。这就意味着，教育惩戒在法律上只是不完善、不全面的，但并非被忽略或禁止的。也正因为其在法律上的缺陷，才值得教育工作者们在教育学领域中对教育惩戒的合理使用进行不断探索。

二、教育惩戒的心理学依据

惩罚本就属于一个心理学名词，当某种行为出现后，所采取的具有减少该反应再次出现概率的措施。单将教育惩戒理解为一种手段、行为去探究其心理学依据时，我们可以通过心理学中"惩罚"方式的相关知识去辅助分析。在诸多心理学理论中，行为主义理论对教育惩戒合理性的支撑是比较显著的。心理学上针对惩罚有两方面的表现形式：

第一种为呈现性表达方式，即在有机体发生不良行为时，给予直接的、正面的厌恶刺激，致使有机体在今后类似情景发生时，由于想主动避免类似的厌恶刺激再次被施加，而达到不良行为的逐渐减少，最终直至消失。

体现在教学上，例如：当有学生在值日生刚打扫过的教室里，乱扔垃圾，不珍惜他人劳动成果时，教师呈现出"在课间操时间，该学生独自清扫班级垃圾"的厌恶刺激，学生在劳动中体会到劳动的辛苦，并且认为单独被惩罚实际上是很难为情的事情，那么当该学生再次想要乱扔垃圾时，由于不想再被惩罚而制止了自己的不良行为。

第二种为移除性表达方式，即当有机体发生不良行为时，取消本可以给予有机体的积极刺激，致使有机体在今后类似情景发生时，由于想要再次获得被取消的积极刺激，而达到不良行为的逐渐减少，最终直至消失。在实际教学中表现为，某小学生在上课时间活动过于频繁，教师则不允许该同学参与教师奖励给班级同学的一节自由活动课；不给予部分表现不好的学生获得小红旗（或其他小奖品）的机会等；当该生想要再次获得教师的这些积极的鼓励和刺激时，就会克制自己不发生之前类似的违纪行为。

值得注意的是，惩罚行为是否可以消除有机体的不良行为这一问题还有待深入研究，但是，通过惩罚可以在短期内有效地进行不良行为的校正这一点是毋庸置疑的。这也就意味着，在教育过程实施中，针对有机体的违纪行为是可以通过惩罚来进行矫正的。我们更多要研究的是在实施教育惩戒时如何合理适度，或是怎样在教育惩戒的同时保护学生的心理健康发展，而不应该否认在教育教学中实施教育惩戒。

以观察学习理论作为基础，班杜拉也十分强调榜样的作用。榜样不仅仅是那个最好的学生，当有小学生发生违纪行为，教师对其进行个别教导时，他也成了全班同学的"榜样"。教师对他进行何种行为，有何意义，其他同学都会通过观察转为自己的间接经验。所以当学生有错，教师如果不给予批评矫正，则会误导学生认为这种行为是教师允许的，不算是不良行为，造成在日后的学习生活中，还会出现类似错误。

三、教育惩戒的德育依据

适度的教育惩戒被大多数学者认为是应该存在于教育教学中的，除了法律及心理学上的依据，在道德教育中也是有支撑的。

儿童的道德发展分为四个阶段：2~5岁为自我中心阶段、5~8岁为权威阶段、8~10岁为可逆性阶段、10~12岁为公正阶段。小学生从一年级入学到六年级毕业，年龄大致为7~12岁。权威阶段又称他律阶段，可逆性阶段又称自律阶段，而可逆性阶段时期儿童已经有了正义感和公正感，也就是说，学生处于小学教育阶段时，需要教师引导其从他律发展为自律，从服从权威到自觉遵守。针对低年级的学生，教师应该运用合理的教育惩戒去规范其行为，对中等年级进行教育时则需要教师通过合理的教育惩戒给孩子讲明利害，帮助孩子辨别是非；对于高年级的小学生，教师也需要合理的教育惩戒去展示公平正义感。由此看来，根据皮亚杰的儿童道德发展四阶段理论，合理适度的教育惩戒在小学教育中也是十分必要的。

试想，教育中如果没有惩戒，那么学生若想获得某方面的道德学习就要通过更大的"自然惩罚"，而自然惩罚的实施者与教师的区别就在于，学校教师无论进行何种合理惩戒都会以教育性为前提，以培养学生为最终目的，其他的实施主体则不一定会这样。

当我们对一个人提出很多要求的时候，在这种要求中也就包含着我们对这个人的尊重。从道德教育角度来讲，作为教师对学生应该做到最基本的尊重，这就意味着教师不应该放任任何一个学生，应该尊重每一个学生，也应该重视每一个学生的道德发展。

所以在教育教学中，应该通过教育惩戒去规范学生、培养学生的道德观念，这不仅仅是为了能让学生在以后的发展过程中拥有良好的道德品质，不会触碰道德边界，不对自身造成伤害，更是为了促进整个班级系统甚至是整个学校系统的规范发展。

最后，除了尊重，公平、正义等也是道德教育中相当主要的一部分。从公平对待的角度来看，教师应该公正地对待每一个学生，当学生产生不良行为，教师却没有对其进行任何矫正，那么对其他遵守道德规范的学生来讲，也是一种教育上的不公。综上，小学生处于一个具有非理性并且凭本能行事的特点阶段，合理适度的教育惩戒是应该被应用于小学教育教学之中。

四、管理学依据

学校作为社会系统中的一个正式组织，采用科层管理（指的是一种权力依职能和职位进行分工和分层，以规则为管理主体的组织体系和管理方式）的方式管理学校具有一定的合理性。

既然科层管理方式可以应用在学校的教育管理中，那么就一定要有相应的规章制度。强化规章制度管理的作用是科层管理的一个重要特征，在学校这个组织之中，无论何种团体都需要严明的纪律，如果有个体发生了不合规的行为，谁违反纪律，就要对其实施惩戒，去约束教育教学过程中的非理性行为，以保证该组织或团体能正常运行。所以，在小学教育教学中，教师也必须制定相应的校纪班规，并对违反规范的学生施行合理适当的惩戒，以此来促进教育教学活动的高效进行。

第五节　德育教学中教育惩戒存在的问题

一、相关法律不完善

现今，许多教师在教育惩戒问题的认识上是模糊的，对其概念的不理解、到底应不应该实施惩戒、实施惩戒时的度是什么、简单的罚站罚写到底算不算体罚等这些问题都深深困扰着广大一线小学教师。同时，教师为了避免在惩戒中发生不必要的麻烦，而无奈选择放弃惩戒的也大有人在。造成这种现象的原因是多方面的，使广大小学教师无法顺利实施惩戒权。经调查分析，教育惩戒在法律上主要存在以下问题：

（一）法律概念不明晰

除了概念上的缺失外，对于教育惩戒在教学中的应用这一问题，更加缺少具体的实施细则。教育惩戒是一个完整的过程，应该动态地看待它，怎样的惩戒是更为规范的，惩戒前后都应该做到哪些相关细则，这是我国法律上目前缺失的，这无疑也给广大小学教师带来了一定的困扰。

出现以上现象的原因，则极有可能是教育惩戒，尤其是针对小学教育的惩戒问题还没有达到一个令人注目的高度上来。在教育普及的今天，更多的家长、教师、社会舆论更愿意将教育的重点放在教学方法和学习成绩上来，教学方法及成绩，可以关系到每一位教师的职业成就感和责任感，可以关系到每一位家长对孩子的整体评价甚至可以关系到相关企业在金钱上的盈利。而虽说教育惩戒在新闻上时有报道，但每一次过了舆论热评的时期就很少会被人提及，也因此教育惩戒还没有引起人们的足够重视，其在法律概念和实施细则上也不够完善。

（二）法律缺乏保护

在日常的小学教育教学中，教师除了要面对学生之外，还要面对学生家长及学校的其他教师和领导，也就意味着，教师的工作重点除了学生教学部分，还有与其他相关人员的沟通与相处环节。一旦教学部分出现任何问题，就避免不了为教师其他工作带来阻碍。

造成这种现象的原因主要也在于法律的不完善，我国现今的教育法，除了以上两方面的缺失，还不够重视保护教师的权益。教师拥有惩戒权，但惩戒权无法被保护，而在教育惩戒实施的过程中，有相当一部分惩戒事故的错误并不在教师身上，尤其是低年级小学生还不具备足以判断是非的能力，甚至有可能存在编造等现象。所以说，希望小学教育中的教育惩戒问题可以得到我国各个群体的普遍关注，相关法律也能不断完善，让教师了解惩戒并学会合理惩戒。

二、学校纪律方面不完善

教育惩戒在实施中出现的问题是多方面的，除了法律层面外，教育惩戒在实施中不能顺利进行还在于其缺乏具体的实施细则，在教育教学中主要体现为校纪班规不够具体、细致。现今，许多教师实施教育惩戒并不会按照规章制度有章法地进行惩戒。

也就是说，在教学的实际情况中，大多数学校和班级是没有惩戒细则的，即使有，也不是实际意义上的班规，更不用说能做到每年根据实际情况进行调整了。如果校纪班规中没有具体细则，教师便无法对学生进行系统而有效的管理，惩戒具有随意性，这十分不利于班级有序管理。同时，学生也无法得知自己不应该做的事情都有哪些，如果做错了会受到什么样的惩戒。这样学生也就缺少了一条自律的渠道，这也不利于学生自我管理能力的培养。

个别教师对班规的理解也是存在一定程度的偏差的。出现这种问题的原因主要由于学校管理层面对校纪班规没有足够的重视，认为教师课堂上的惩戒完全属于教师教学范畴，学校只要在惩戒方面给予指导和监督就可以了。另外，学校领导对校级班规的理解也不够完善，绝大多数教育工作者都认为含有违反哪条哪章按情节轻重做何种处理的这种详细的班规校纪是没有必要的。其实，学校管理上若可以重视惩戒，并指导教师正确制定班规，在此基础上启发、引导、督促小学教师在教学中对于教育惩戒问题不断重视并完善，则会大幅度地减少小学教师在教育惩戒上所遇到的阻碍。

三、教师情绪影响教育惩戒的实施

在许多被我们熟知的过度惩戒的新闻报道中，造成不良后果的原因并不是教师故意过度惩戒，有一部分是因为教师情绪失控而导致无法控制自己的行为。教师也是普通人，作为教育主体的学生，社会都可以给予最大程度的理解与宽容，那对于教育活动的主导者，也应该得到学校及社会的充分理解与关心。这也在一定程度上说明了对教师情绪的疏导与保护，也是改善小学教育惩戒现状的一大重点。造成这种问题出现的原因是多方面的：

首先，小学教师日常教学等繁杂的工作，致使教师不良情绪增加，从而易导致小学教师过度惩戒或放弃惩戒。

其次，学校针对教师倦怠情绪及负面心理状态没有给出足够的理解与帮助，从而使教师易产生恶性循环，影响了教育惩戒的正常实施。

对于小学教育中的教育惩戒环节来说，公平性极为重要，如果惩戒失衡，则会对学生产生不良的心理影响，同时也不利于后续的教育惩戒的实施。

有大部分小学教师在教育惩戒中只注重了惩戒中的行为方式等问题，并没有从整体的角度看待小学教育中的惩戒，在惩戒前与家长的沟通不到位，惩戒后也不能做到及时对学生进行帮扶转化及升华。其实不论是在小学还是其他阶段的教学中，教育惩戒都应该尽量按照一定的步骤进行，绝不仅仅是教师一句惩戒的语言或是行为，惩戒前与家长的沟通极其重要，家长也有权利了解学生在学校的任何状况，并对此发表意见或进行申辩。而惩戒后与学生的深度谈心也是一个必要环节，我们的教育惩戒是以教育性为基础，达不到教育目的，惩戒便无太大的意义。

第六节　建　议

通过对小学教育中教育惩戒的现状调查及分析，发现在小学教育中教育惩戒实施的诸多问题。教育惩戒的方式方法也包括在教师综合素质之中。同时，惩戒也是一门艺术，合理的惩戒既不会引起不良后果，又可以达到教育目的；而不合理的惩戒则会加深学生、教师与学生家长三者之间的矛盾，形成恶性循环。

若想要发挥教育惩戒在小学教育中的充分作用，可以从以下几个方面入手改进：

一、完善相关法律法规

法律的不完善是引起教育惩戒问题频发的主要原因之一，改进教育惩戒在法律上的缺失主要可以从以下两方面入手：

（一）出台相关法律法规

若想让小学教师进行教育惩戒时更加规范化，就要为其提供尽可能详细的教育惩戒实施细则。相关法规中应包括对教育惩戒法律概念的确定，使其内涵与外延更加清晰明确，还应包括教育惩戒的实施流程，如罚站、罚写等行为到底限定在多长时间之内才不算体罚，使新入职的教师们明确在学生发生错误行为需要矫正时应如何去做。随着经验的积累，可以依据细则与班级学生的实际情况，进行教育惩戒的完善。

教育惩戒在法律上的丰富与完善，最好能做到依据不同阶段学生不同的心理发展特点来实施制定，对于小学生而言，他们无法进行良好的自我管理，短时间达不到自律的品质，针对这种情况，法律上能够针对小学出台相关的惩戒细则，则更有助于教育惩戒在小学教育中的合理实施。

（二）加强对教师的保护

许多小学教师由于自身的权益很难被保护而放弃了教育惩戒，对于此问题，法律是应该继续完善的。应出台对教师的保护细则，包括教师如何在惩戒事故中进行申辩，或有专门的小组负责对实情的核实等，让教师在惩戒时不会有后顾之忧，及时在非教师责任的惩戒事故中保护教师的合法权益。这样一来，既可以保护教师权益，也可以打消无理家长故意夸大实情的不良情绪，从而循序渐进地为小学教师提供惩戒上的保障。

二、制定科学的校规班规

"无规矩不成方圆"，在小学教育中，如想要教育惩戒顺利实施，学校就要组织引导教师在教育惩戒实施之前尽可能详细地制定班规。

而就学校范围内，教学管理部门也应该制定出统一适用的校纪供学生和教师参考和学习，这可以让小学教师在惩戒时有法可依，让学生在日常学习生活中对自己的行为有一个初步的界定。在校纪班规的制定上，尽量做到细致、认真。

首先，校纪班规的制定要尽量科学化、民主化。以民主的方式，与学生、家长沟通着进行制定，发现问题及时修改，通过教师、学生、家长等多方面探讨，最终完成校纪班规的制定。

其次，校纪班规在制定时一定要符合教育规律，要符合学生的身心发展特点，并且保护学生的身心健康不被侵害。

再次，校纪班规的制定一定要做到以教育性为原则，制定每一条细则的根本目的是改进学生的不良行为，促进学生综合素质的稳步发展。

最后，校纪班规的制定还要充分体现出爱与尊重，不是说批评惩戒就不能感受到爱，教育惩戒中，尤其是小学教育阶段的教育惩戒中一定要伴有教师对学生的爱。让学生能从中充分感受到教师对自己的关心与呵护，进而产生心灵的共鸣，这样有助于小学教师与学生之间互尊互爱的良性师生关系的形成。

三、教师不良情绪应及时排解

所有的情绪在本质上都是某种行动的驱动力，即进化过程赋予人类处理各种状况的即时计划。也就是说，内在情绪对人类说是一种行为的暗示。人类都存在两种心理：情绪心理与理性心理，并且情绪会先于理智产生。这也就意味着，人们有时明明知道有些事情不能做，但完全有可能由于情绪的失控导致不良行为的发生，小学教师也不例外，但是管理情绪的能力是可以通过后天改善的。

有不少教师感受到自己工作繁忙，无法合理安排时间，同时又不被学校管理层面理解，仅工作两三年的教师有部分已经产生了职业倦怠感，这个问题是必须重视的。教师的情绪得不到良好的调节，极有可能导致小学教学的各个环节出错，尤其是在教育惩戒上，更容易在情绪不佳或情绪失控时过度惩戒，甚至发生教学事故。

针对这一问题，学校应该改进教师心理疏导的方式方法，不仅仅是每学期的一堂心理疏导讲座，要将做法落到实处，比如增加心理疏导讲座的次数，鼓励学校心理健康部门向教师开放，校领导在日常的教务会议时多关心教师的心理状态，遇到问题要及时提供协助，学校应与教师共同面对，真正产生心里的共鸣，让教师从心底认为无论工作多么忙、压力多么大，学校永远理解自己、鼓励自己，无论遇到什么问题，学校都有与自己共同面对的困难。

小学教师的情绪状态改善了，即使在教育惩戒中遇到了十分令人气愤的、棘手的问题，也能冷静思考，做出正确判断。学校应该帮助教师疏导不良情绪，培养教师管理情绪的能力，降低在小学教育中教育惩戒的差错率。

第七节　正确认识教育惩戒

一、认识其合理性

现今许多小学教师对教育惩戒问题的认识是模糊的，这是小学教育惩戒环节问题频出的直接原因之一。教师要肯定教育惩戒在小学教育中的合理性。对于教育惩戒的实施应做到民主、科学，教师切忌"一人独尊"式的随意惩戒，也不应一听到惩戒就仿佛遇到敏感话题般，声色厉变，放弃惩戒。其实，合理的教育惩戒对小学生学习习惯的养成及品德的成长都是有益而无害的。

教师要清晰教育惩戒的相关概念，合理的教育惩戒与传统意义上的惩罚是完全不同的，是矫正学生不良行为的必要环节，在教学过程中是可以实施的，即使法律上还没有对教育惩戒赋予准确的概念，教师对此也不应该一味躲避，反之更应该致力于对教育惩戒问题的不断完善与进步，这是对学生负责、对自己负责，同时也是对教育负责。

小学教师对教育惩戒概念的正确形成有赖于多方面的努力与支持。早期对于教育惩戒的重视与认识主要来源师范院校的教育教学，高校教师在培养师范生时就应将教育惩戒作为一个重要问题来阐述，加以引导和讨论，让师范院校的准教师们对教育惩戒问题有一个初步和正确的认识，让他们留下深刻的印象。

而在此之后，小学教师对于教育惩戒的相关认识主要来源学校引导、教学实践，以及自身的不断学习。所以，学校在日常管理时要注意教育惩戒正确认识的灌输，教师在日常教学管理中注意多积累总结与反思，同时也要多查阅相关资料，了解我国教育惩戒相关知识的发展现状，不断提升自己的综合能力。

二、教育惩戒需符合教育要求

教育惩罚的最终目的是培养人、教育人。教育性是教育惩戒实施的根本原则，包括学龄的各个阶段。广大小学教师可以根据惩戒行为是否具有教育性来辅助判断自己的惩戒是否合理。这也就意味着，小学教师实施任何惩戒行为之前，必须做的就是思考自己的惩戒行为是不是为了培养学生、教育学生。

具有教育性的小学教育惩戒首先是为了矫正学生的不良行为。"戒"字的意义就在于对不合范行为的修正，这是合理的教育惩戒区别于之前的教育惩罚的关键点。再者，小学教育的惩戒也必须是促进学生个人发展的。

对小学教师而言，他们都肩负着孩子们步入学校初期的习惯养成任务。所以，教师如果对个别不符合规则的行为进行惩戒时，必须考虑这种惩戒方式是否有利于学生身心发展，尽可能地在惩戒时对学生的身心进行保护，让学生感受到教师的爱护，并且能够促进其以后的学习顺利进行。总的来说，在小学教育中，任何带有反教育性色彩的惩戒都是必须杜绝的。

三、教育惩戒需要公平性

小学教育中教育惩戒的顺利进行还有赖于教师惩戒能力的提高。小学教师要不断提升自己的教学技能与教学水平，才能促进小学教育中教育惩戒环节的不断改善。

世界上没有两片相同的树叶，也没有两只相同的手掌。小学教师所面对的教育对象也总是千差万别的，但无论怎样，教师实施的教育惩戒必须是公平的，这种公平既体现在学生与学生之间的公平，也包括教师与学生之间的公平。

　　首先，教师面对学生应做到人人平等。处于小学阶段的学生已经可以清楚地认识到教师对不同学生的表扬或批评是否一视同仁，并且十分在意。任何教师在惩戒中的不公平，都有可能导致学生心理上的不平衡，久而久之不仅影响师生关系，也不利于以后教育惩戒活动的顺利开展。所以，教师在惩戒时应该做到一碗水端平，切不可由于个人的偏爱或其他原因，刻意减轻惩戒的程度，这对学生来讲是极其不公平的。即使有特殊情况，比如功劳抵过的现象，也要向学生讲明缘由，这种做法反倒可以鞭策学生朝着积极向上的方向努力发展。

　　其次，教师也要尽量做到尊重学生。只有做到尊重学生，教师才有可能走进学生心里，让学生自省其过，以此来创建学生对于规则和纪律的敬畏感。如果不能触及内心，这种惩罚便是无用的，如果被惩罚者不但未感羞愧，还产生反感，那就是一种彻底的失败。既然教师要表现出对学生的尊重和与学生之间的平等关系，除了对学生进行合理惩戒之外，也要谨记"教不严，师之过"的道理，适当时常反思学生产生错误行为的原因。如果有教师自身的过失，也要及时向班级同学主动道歉或自省，让学生知道，教师对待自己像对待其他学生一样公平，即使是教师也没有权力知错不改，学生自己就更没有理由犯错并且抵触和不接受教师的合理惩戒。

　　小学生虽然心智尚未完全成熟，身心发展也不够完善，但是对此却是完全能够理解的，这也是教师的一种心理暗示，能够使学生从心底接受教师今后的批评与惩戒，理解教师的行为，尊重教师的做法，反思自己的行为，这也同样有利于促进教师与学生之间良好关系的形成。

四、教育惩戒要及时

在教育惩戒中，及时性也是十分重要的一条原则，但在现实小学教学中，极有可能由于各种原因导致教师对及时惩戒的忽略。

心理学中的及时强化原则认为，如果行为发生的结果是令人沮丧和不满的，那么这种行为发生的概率就会在无形中减少，教育惩戒作为一种负强化手段，也应该遵循及时性原则。

如果有建筑物上的玻璃窗被打破后，不及时修补，其他人就仿佛得到暗示一般纵容自己打破更多的玻璃窗。时间久了，这些破窗就会给人一种可以不遵守纪律的心理暗示，也就是在这种环境下，犯错更容易发生。所以，"破窗理论"告诉我们，小学教师在教育教学及日常管理过程中，遇到学生有过失一定要及时惩戒。哪怕在当时的情况下没有多余的时间处理惩戒，也要及时在语言上进行惩戒，在学生犯错的第一时间给予是非观的修正，这样达到的惩戒效果也是最好的。

如果惩戒不及时，则会产生诸多不良后果。首先，小学生在犯错后没有得到批评或惩戒，则会养成认为他的过失是可以被允许的习惯，而后就算教师再对此事给予惩戒，学生有可能表面答应，但心里却已经忘记发生的事情了。其次，如果教师没有及时惩戒，而过后又没有实施惩戒，极容易让学生尤其是小学生产生侥幸心理，认为不一定自己犯的错误都会被批评，不利于良好的学习习惯与品德习惯的养成。

在小学教育中，教师的引导作用是极其重要的，即使教师对学生施行了极其合理的惩罚，也未必能达到最好的行为效果，这就需要教师在惩戒后及时对学生进行帮扶转化，达到惩戒结果的内化与升华。

对小学生惩戒后的帮扶转化可以施行以下两个策略。首先，教师实施惩戒后一定要及时与学生谈话谈心，要讲明是非利害，讲明教师批评惩戒他的前因后果，以及表明教师对他的关心与关爱，即使在惩戒中出现了师生之间的冲突，也可以靠惩戒后的谈话进一步维护师生关系，促进学生与教师之间的相互理解。良好的师生关系也有利于小学教师的各项教育活动的进行，包括合理的教育惩戒。其次，如果教师没有充足的时间与学生进行深度谈话，那么让学生写自我检讨也是一个十分受用的办法，学生在检讨中要讲明，为什么犯错，犯了什么样的错，对此自己的态度是什么，并且阐明今后遇到类似的问题应该怎样做等内容，小学生的写作水平有限，所以不要有字数的要求，要注重写出真情实感。这种做法也有利于学生对教师引导内容的内化与更正。

在现今的小学教育中，许多惩戒事故并不是由于教师做法不当而引起的，而是由于在惩戒时教师与学生家长缺乏良性沟通，而引起的矛盾激化。教师与家长代表着两个群体，一旦沟通不好出现问题，就极容易将问题扩大化。而有经验的教师一般都知道，学生由于年纪较小，不仅不能对事件产生调和作用，有时还会编造一些并不属实的言论，这就更加显得教师与学生家长之间的有效沟通十分重要。

教师在有惩戒决定时，应做到在惩戒前与家长及时沟通，讲明自身看法及安排，并与家长协商共通商议惩戒方案；在惩戒活动进行中，也要及时与学生家长交流，出现问题及时从学校及家庭两方面进行修正与解决；惩戒实施后，也要定期向学生家长询问学生在家的表现，这样既有利于沟通，也能让家长认识到教师对学生的关心与呵护，最终达到最优化的教育惩戒结果。

第四章　新时期小学生的道德与德育

当今世界，国与国之间的竞争归根到底是人才的竞争。与此同时，培育综合素质过硬的青少年对于我国未来的经济社会发展和国家安全具有重要意义。理论和实践证明：良好的道德品质是一名优秀青少年必须具备的。因此，在青少年的教育方面，必须把道德教育放在第一位。

中国有句俗语：三岁看大，七岁看老。德育应从娃娃抓起，抓好小学生的道教育不仅可以为他们全面健康的发展打下良好的基础，而且还可以为他们后期中学和大学时期人生观、价值观的形成及人格品质的完善做好铺垫。

我国的小学生道德教育工作虽然已经取得了一定成果，但总体上来看，小学生在道德教育工作方面仍然存在着诸多问题，主要体现在：部分小学生的政治道德素养不高、社会和个人道德素质欠缺、心理素质低、人际关系紧张。这些问题不仅不利于他们道德素养的培养，更影响着未来社会主义事业建设者和接班人的身心健康和全面发展。因此，深入探究新时期小学生道德方面存在的突出问题，并在此基础上研究科学合理的解决方法和对策不仅必要而且十分迫切。

第一节　小学生道德现状及存在的问题

道德是由一定社会的经济关系所决定的特殊意识形态，是以善恶评价为标准，依靠社会舆论、传统习惯和内心信念所维持的，调整人们之间以及人与社会、人与自然之间关系的行为规范总和。从唯物主义的角度看，道德作为一种特殊的社会意识形态，是由一定的经济基础决定的。

从辩证法的意义上说，道德对社会具有调节功能、认识功能和教育功能。在社会生活中，道德包含的领域很多，但概括起来就四个基本领域：社会公共活动的领域、职业活动的领域、家庭活动的领域和个人活动的领域。相对于这几个活动领域的道德就是社会公德、职业道德、家庭美德和个人品德。

道德作为一种生存智慧，是通过道德教育得以传递和发展的。道德教育是道德建设的重要形式，在小学生的道德建设中起着重要的作用。所谓道德教育，就是一定社会或阶级为使人们接受和遵循其道德规范体系的要求，并按其价值标准处世做人，塑造人的品德而有计划有组织地对人们施加系统的道德影响的活动。从收集的相关资料和调查显示，我国小学生的道德及德育情况总体看主流是好的，但也存在不少隐忧和突出问题。

大多数小学生能够诚实守信、尊老爱幼、乐于助人，道德水平在逐步改善和提高，从主流上看是积极的，发展趋势是好的。但随着社会的发展，人们的物质需求和精神需求越来越高，道德跟不上人类日益增长的物质和精神需求，自然会出现一些问题，小学生也不例外，道德方面自然会存在和出现一些不能令人满意的问题，其具体表现如下：

一、道德素质欠缺

道德素质包括小学生的日常行为，而就当前小学生的日常行为而言，在诸多方面存在不足：如随地扔垃圾、破坏公物、不尊重师长、不爱劳动、缺乏艰苦朴素的作风、缺乏吃苦耐劳的品质、知行不一、行为随意放任等。小学生的道德素质是小学生良好品质养成的最重要的一部分，但当今小学生的道德素质还是有所欠缺，其具体体现如下：

首先，道德意识淡薄。许多小学生完成学校里的事情就是为了完成任务，或者如果不完成会被老师批评，而没有积极主动认识到这个事情就该自己去完成，就该自己去这样做，道德意识相对较为薄弱。

其次，道德行为不积极。多数小学生都是独生子女，习惯了以自我为中心，认为不关自己的事情就是和自己无关的事情，导致道德行为不积极。

最后，缺乏基本的感恩之心。现在小学生普遍缺乏感恩之心，首先，对父母缺乏感恩的心；其次，对老师和同学缺乏感恩的心；最后，对所有帮助他的人都缺乏感恩之心，这是小学生最缺乏的，他们认为他人的付出都是理所当然。古有"羊有跪乳之恩，乌鸦有反哺之义"，而现在的一些小学生却忽视了孝道，把自己当成小皇帝、小公主，不懂得理解、感激父母。

二、政治道德不强

具备一定的政治道德有助于小学生培养高尚的道德追求。小学生的政治道德主要就是知道自己是中国人，知道中国共产党，会唱国歌，能够认识国旗、国徽，关心国家的一些政治动向，爱护社会的公共设施，了解祖国的悠久历史和灿烂文化，具有热爱家乡、热爱祖国、热爱社会的感情。小学生的政治素质在提升小学生的道德素养中起到了举足轻重的作用，小学生从小培养良好的政治道德素养，可以为培养良好道德品质打下牢固的基础，然而当今小学生的政治素质有不少欠缺的地方，其具体体现如下：

首先，政治关注度不高。爱党、爱国家应该是小学生道德建设的主旋律，小学生应该从小就树立爱党爱国家的信念，多关注国家、社会的大事小事。

其次，责任意识较差。对家庭、社会和国家的责任以及对自己的责任意识薄弱，比如缺乏社会公德和家庭责任。现在的小学生大多数都是独生子女，习惯性地以自我为中心，责任意识很差，从小的方面讲不关自己的事情很难积极主动地去完成，从大的方面讲很少把自我和国家紧密联系起来。

再次，没有崇高的理想目标。大多数小学生目标短浅，或是说没有具体和崇高的理想目标。

最后，个人信仰不够坚定。不少小学生总是以自我为中心，总是认为自己的利益是最重要的，而且当遇到个人利益与国家利益发生冲突时，多数小学生会选择自己利益高于一切，缺乏明确和坚定的信仰。

三、心理素质不佳

小学阶段正是学生心理断乳期和自我意识萌发阶段，随着生理、心理的发育和发展，竞争压力的增大，社会阅历的扩展以及思维方式的变化，可能会产生各种心理问题，一些问题如果不能及时解决，加上某些小学生心理健康问题没解决好，将导致其道德行为失范。所以说心理素质是小学生道德素质培养中不可或缺的一部分，小学生的心理素质强大，一些现实问题就会迎刃而解，小学生就会表现出良好的道德品质；但当今许多小学生的心理素质是欠缺的，主要表现在以下方面：

首先，心理承受能力差。现在的小学生在家里都会受到父母和长辈的溺爱，很少受到委屈和不公，致使小学生心理的承受能力很差，有一点小事情就会觉得心理承受很大压力，觉得已经超出自己的心理承受能力，会感到很痛苦，表现出极端、不道德行为。从调查问卷的数据分析也可得出，当今小学生心理承受能力差，尤其是承受委屈的能力已经差到极点。

其次，攀比心强。随着社会经济的发展，小学生的物质追求越来越高，小学生的攀比之心也变得更加强烈。

最后，对心理健康课不重视。小学生对心理健康课的不重视，也会导致小学生心理方面出现问题，影响良好品质的形成。

四、人际关系问题

道德是小学生之间交往的桥梁。在人际交往中，良好的道德不仅能够推动小学生人际关系顺利开展，还能降低小学生交往的难度，使小学生之间的交往顺利舒畅。反之，小学生人际关系好，可以通过与同学、朋友之间的正常交往、交流来培养自己良好的道德品质，如果小学生人际关系差，不与同学、朋友交谈，同学身上好的道德品质就学不到，影响小学生提升自身道德修养。

总之，人际关系和道德两者之间是相辅相成的，谁也离不开谁。小学阶段是人际关系形成的最初阶段，也是重要阶段。人际关系影响小学生的性格、道德、情感、快乐、幸福、心理健康等，也与小学生日后的成功和良好道德品质的形成有着重大关系。人际交往能力和人际关系是在小学生的社会化过程中逐渐形成、发展和维持起来的，交友的能力如果在小学时代没有得到很好的学习和发展，将影响小学生进入青年和成年后的人际关系。

人际交往往往能体现小学生的道德水平，同时，小学生也可以通过人际交往中培养自身的良好道德素养。因此，人际关系在小学生的道德素养建设中起到了中流砥柱的作用，是提升小学生道德水准不可或缺的部分。但当今小学生的人际关系还是存在一些问题的，其具体体现如下：

首先，以自我为中心。现在多数家庭都是"4+2+1"模式，小学生在家里是家中至宝，任何事情都是以小学生为中心，慢慢地就给小学生养成了以自我为中心的习惯，当小学生在学校里和其他同学相处时也就习惯了以自我为中心。从调查问卷的数据分析也可得出，当今小学生在处理人际关系时多数都是以自我为中心的。

其次，缺乏集体荣誉感。多数小学生认为自己的利益才是最重要的，班级或是集体的利益和自己几乎没关系。从调查问卷的数据分析也可得出，当今小学生集体荣誉感不强。

最后，缺少怜悯之心。小学生与同学或是朋友之间的相处缺少怜悯、关爱之心，不懂得爱护、关心他人，导致小学生的人际关系处理不好，打架斗殴现象频发。

五、校园暴力事件

市场经济带来功利性追逐，使得暴力色情文化时刻充斥着小学生的生活。在影视剧、电子游戏中，学生可以轻易地接触到暴力场面。充满好奇且分辨能力和自我控制能力较差的小学生受到负面影响无法避免。近几年，校园暴力事件频发，相关事件流出的照片和视频触目惊心，诸多校园暴力事件已引起了全社会的高度关注。

一段时间，暴力事件普遍存在，教育工作者需要认识到加强和改善小学生德育工作的重要性和紧迫性。"还校园和谐安宁，予孩子温暖阳光"，给孩子们一个安全、健康的学习成长环境，需要以科学的教育培养小学生健全的人格。一方面，要强化法治教育；另一方面，更要加强对小学生的人文教育和道德教育。教会小学生懂得尊重他人的尊严，尊重他人身体和生命。

第二节　小学生道德缺失的原因

小学生虽然年龄偏小，但也是社会人，因此他们的道德意识、道德情感、道德判断、道德责任和道德实践等都会受到社会各种因素的影响。当前，小学生道德存在问题的原因比较复杂，但主要原因是家庭责任、学校教育和社会环境等方面。

一、家庭方面

(一) 父母缺乏道德教育责任

爱因斯坦有一句名言：“人的差异在于业余时间。”小学生课余生活的方向和质量直接影响着他们的德、智、体、美等方面的发展。丰富而有意义的课余生活能促进小学生开阔眼界、陶冶情操、发展特长、增长知识、启迪智慧、学会劳动、学会创造、学会做人，对小学生养成良好道德品质有着重要的作用。而当今多数的家长对小学生的期望值太高，怕小学生输在起跑线上，于是让小学生学这学那，各种作业、考试、补习班像加了热的气球一样迅速膨胀，小学生的课余时间被越挤越少。家长只是注重小学生的学习成绩，无限地支配和控制小学生的业余生活，小学生无法自由活动，这极大地限制了小学生身心的发展和良好道德品质的养成。

道德品质的高度往往决定着人生的高度。如果小学生道德品质不成熟、不健全，不仅不利于小学生的健康成长，还会影响到小学生未来事业的发展和家庭的幸福。在培养小学生良好道德的过程中，父母有着不可推卸的责任。而当今多数的父母把教育小学生的重担完全寄托给学校，父母认为小学生道德的教育应该由老师和学校负责，如果小学生道德出现一定的问题，会觉得是学校和老师的教育出现了问题。父母缺乏道德教育的责任意识，这是诱发小学生道德存在问题的一个重要原因。

(二) 父母缺乏统一的道德教育标准

对于小学生来说，父母双方的教育是缺一不可的，但同时也是需要分工的。在教育小学生的过程中，母亲要尽到的责任是管理好小学生的生活，给小学生足够的关爱；而父亲则负责教育小学生分辨善恶是非，教小学生正确的思维方法，培养小学生良好的道德与品格。但当今多数父母在教育小学生的分工与合作存在偏差，小学生面对的是矛盾的、摇摆的教育方式，接受的是对立的、随心所欲的教育信息。

（三）父母与小学生之间的沟通存在问题

教会小学生如何与父母坦诚交谈有利于小学生良好道德的形成。而当今多数家长没有充分重视与小学生之间的沟通，父母总是拿自己的"当年"比小学生。有些父母出身贫寒，早年通过自己的努力打出了一片天。他们成功的经历常会使自己自我膨胀，过分自信并且自负。

家长常把自己的想法强加于小学生身上，不愿意与小学生静下心来慢慢沟通，小学生有事情或有疑惑也就不愿与父母沟通。长此以往，会阻碍小学生良好道德的养成。

（四）家庭氛围导致学生人格缺陷

家庭是以婚姻和血缘关系为基础组成的最小的社会组织单位，对每个人的成长至关重要，完整的家庭多能给予学生更多的爱、良好的教育和培养，破裂的家庭往往给小学生留下永远也抹不去的阴影和创伤。根据我国的政策导向，我国当前家庭人口结构基本呈现"四二一"类型，即爷爷、奶奶、外公、外婆和父母加上一个孩子。

近几年，随着离婚率不断提高，单亲家庭日益增多，仅以父亲及子女或母亲及子女组成的单亲家庭较为常见。而家庭中最大的受害者是未成年人。父母婚姻的突变、家庭的支离破碎给单亲家庭子女的成长之路蒙上了阴影。破碎的家庭势必会影响单亲家长的处境和情绪，有的家长就会把自己的愤怒、烦躁转化为对子女粗暴专制的教育方式，发泄情绪在子女身上，使子女长期生活在惊恐不安之中，人格发展受到严重压抑，容易形成蛮横、仇恨、自私心理，对一切充满敌意，形成冷酷、顽固的性格特点和野蛮、专横的特征。

还有的单亲家长对其子女放任自流、不管不顾，导致单亲家庭子女道德意识差、违法乱纪行为较多，容易误入歧途。家庭结构关系的失调给子女造成的伤害是很严重的，单亲家庭会对孩子道德品质的培养与道德品质的发展造成很大的影响。

（五）学生道德教育方面缺失

留守儿童健康成长的问题当下已经成为社会普遍关注是焦点，尤其是他们道德养成缺失问题比较突出。父母外出务工，把子女留在家中交给老人或亲戚帮忙抚养，子女成长的过程中缺少父母的关爱和管教，他们普遍存在着道德认识模糊、道德情感淡漠、道德意志薄弱、道德行为失范等道德问题。

二、学校方面

小学阶段的德育教育在小学生全面发展中起着统帅和灵魂的作用。学校教育，育人为本，德智体美，德育为先，因此改革学校德育体系是学校建立良好教育体系必须解决好的重大问题。学校德育内容过于抽象，过于理论化，不适应小学生成长规律，目标远大，脱离实际，缺乏操作性。因此，学校德育应大众化。应该从点滴、日常行为教育抓起，比如禁止随地吐痰、不乱扔垃圾、爱护红领巾、爱护公共设施、不抄袭作业、语言文明等。而当今的学校德育改革是滞后的，是会影响小学生德育实效的，其具体体现如下：

（一）缺乏对教师的培养

教师是人类灵魂的工程师，而小学教师是决定人才培养成败的关键、核心工程师。"学高为师，身正为范"，要培养小学生良好的道德品质，德育教师首先要有高尚的道德情操。目前，部分学校的德育教师是缺少职业人格、职业作风、职业态度和职业纪律的，现在少部分小学老师言语粗暴、专横跋扈，功利心太强，向学生索取礼物，上课不好好讲课，办补习班，甚至严重道德失范。

所以小学教师的德育教育还是需要加强。而学校缺乏对教师的德育教育，缺乏对教师的个人道德的鉴定，很少的学校会定期对小学教师进行德育教育，没有安排专业的人对教师的德育教育进行指导。没有特别专业的德育教师，没有具有良好道德品质的德育教师，会阻碍小学生道德建设，会导致小学生道德方面出现问题。

（二）德育改革缺乏针对性

虽然当下许多学校都在德育方面进行改革，但大多数学校的德育改革内容缺乏针对性，并没有解决德育过程中的突出问题，更没有找到相应的解决对策，很多学校是在为改革而改革，而不是以解决德育工作中的矛盾和问题为出发点进行改革。如今，多数学校的德育改革就是学校下达规定，明确改革内容，强制性要求小学生执行，德育改革不是基于小学生的主体地位去思考和设计，这样的德育改革效果自然就会很差。

多数学校改革难以突破传统的德育观念，不能与时俱进。小学校园中依然以培育老实听话的学生为目标，而不是以培养独立自主的优秀学生为目标。

当前许多学校里小学生的德育内容依然是文明礼貌教育、爱国主义教育和集体主义教育等比较高端的内容，这些内容一方面没有反映学生的年龄特征和成长规律，另一方面也没有随着学生年龄和时代变化得到优化和提升。不同年级的德育内容千篇一律，这不利于提高小学生参与德育课堂学习的积极性。

另外，大多数学校的德育改革并没改变传统的德育模式，德育途径和方法依然呆板，德育课堂缺乏互动性，存在严重的形式主义。许多德育教师依然仅通过黑板、粉笔传授德育知识，上课模式枯燥无味，学生很难产生兴趣。学校德育改革内容没有针对德育工作中存在的问题和矛盾展开，德育课堂的吸引力和感染力不足，严重影响德育的实效性。

三、社会环境方面

（一）图书市场监管不严

近年来，我国图书市场空前繁荣，小学生读物数量大幅度增加，出版市场蓬勃发展，这使得小学生图书的销售量持续增加。

随着国内教育改革和课程改革的逐渐深入，许多学校越来越认识到课外阅读的重要性，鼓励和支持学生经常阅读课外书。许多不良商家正是抓住这一巨大商机，不负责任地销售不健康的读物给小学生，并不考虑对小学生道德培养造成的负面影响。伴随小学生课外读物的日益丰富，课外读物的质量却良莠不齐，不良课外读物对小学生的道德评判和价值观存在潜在的伤害。

（二）网络环境影响

随着社会的发展，网络已深入人们生活的方方面面，小学生越来越容易接触到网络，网络对小学生的影响也越来越严重。由于小学生自我控制能力较差，也不能分辨网络信息的是非对错，很容易受到网络中不良信息的侵害，使得他们的道德意识变得淡薄，思想变得颓废，并出现偏激行为和暴力倾向。由于网络信息传播不易受到限制，许多不良信息会在网上传播，比如，一些色情信息在某些国家是合法的，许多色情信息就会通过互联网传播到世界各地，导致网络中出现许多色情文字和图片等不良信息。

（三）多元观念冲击

在社会主义市场经济浪潮的冲击下，各种经济成分、社会组织形式、物质生活类型、就业渠道也呈现出多样化，人们的思想观念也发生了变化，每个人的思维活动呈现出多变性和差异性。随着社会发展，小学生的世界观、人生观、价值观和消费观也受到了很大的影响。同时，由于小学生的消费心理不成熟，消费价值取向模糊，因而在吸收西方文明带来的消费观念时，小学生的自身的消费价值观容易出现偏差。

在经济转型期的中国，随着西方消费主义文化的蔓延和影响，在消费主义的侵蚀和诱导下，小学生很容易滋长及时享乐、超前享受等消费价值观。在消费认识和消费观念上出现严重的偏差，出现攀比消费、炫耀性消费等一些不良消费行为。如：很多小学生视自己的消费水平为自我身份的象征，盲目追求高消费。

在消费主义文化的影响下，一些小学生追求享乐，艰苦奋斗精神已被遗忘。小学生消费取向的变化直接导致父母经济负担加重，影响家庭和谐和小学生的道德建设。这也在一定程度上造成师生关系、同学关系等校内人际关系的市场化，进而扭曲小学生的道德建设。而且，异化的消费观念也直接制约着小学生崇高道德的塑造和完善人格的养成。

第三节　提升小学生道德水平的建议

一、重视家庭教育

在提升小学生的道德过程中，家庭教育的有些细节看似无足轻重，但对小学生却有着深远的影响，不但会影响小学生今后的学习和生活，甚至会影响小学生今后良好道德品质的形成。因此，要高度重视家庭在提升小学生道德培养中的作用。

（一）发挥家长榜样的力量

父母都希望自己的孩子成才，但是成才光靠小学生的努力是不够的，学校教育固然重要，但是家庭教育也不可忽视。有的父母生怕小学经验不够，整天对小学生叨叨，起到的效果却并不明显。其实，父母做了什么远比父母说了什么重要。小学生容易接受形象的教育，而不是抽象的教育。榜样的力量是无穷的。父母要给小学生做好榜样，严格要求自己的一言一行，努力提升自己的道德修养，小学生渐渐地会耳濡目染，慢慢地小学生受到父母的熏陶，也成为具有良好道德品质的人。

其实，耳濡目染是最直接的方式，也是小学生最易接受的方式。家长要用良好的道德行为影响和熏陶小学生，充分发挥家长榜样示范的作用。如：在公交车上看到残障人士，家长要和小学生一起帮忙搀扶，当公交车上没有空余座位的时候，主动抱起小学生给别人腾出座位，这样潜移默化中，小学生自然就养成了良好的道德品质。因此，要充分发挥家长榜样示范的作用，以提升小学生的道德修养，这也是解决校园暴力的有效途径之一。

（二）创造良好的家庭氛围

营造家庭良好的文明氛围，要注重提高家长身边人的道德素养，它包括家长自身、亲戚和朋友的整体素质，家长交友须谨慎，不要把道德品质不良的人带到家里面来，家长要尽量减少与不良道德品质的人来往，给小学生营造一个良好的家庭道德文明氛围。同时，家长也应告诉小学生应该交什么样的朋友，和什么样的人来往，这对小学生道德的引导作用不可轻视。

营造家庭良好的文明氛围，父母要互敬互爱。父母不能在小学生面前恶语相向，互相争吵，甚至大打出手，小学生的内心会因此受到很大的创伤。部分小学生会受到父母行为的影响，在学校辱骂同学，甚至会暴力殴打同学，给同学造成伤害的同时其自身道德也出现失范，这也有碍小学生道德素养的提升。

因此，父母要尽量避免在小学生面前争吵，给小学生营造一个文明、温馨的家庭氛围，引导小学生形成良好的道德品质。同时，文明的家庭氛围也有利于减少小学生的暴力倾向，这对于防范校园暴力事件的发生有着重要的意义。

（三）家长改变教育方式

以理服人，用温和的建议与小学生沟通有助于促进父母与孩子之间的思想交流和感情的沟通，从而使小学生尊重父母、信赖父母，自觉自愿地接受父母的教育。如：家长教育小学生要做道德品质高尚的人，但如果小学生做错了事，或是做了违反道德规范的事，家长高声责骂，或是打骂小学生，小学生心里会难过但不理解自己错在哪里，若是父母可以细声细语地对小学生讲道理，小学生从心里愿意接受父母的教导，并可以较好地改正错误，岂不是更能达到父母教导小学生的效果。

家长不能用以往吼骂的教育方式，在教育小学生的时候要讲道理，而不能高声责骂或使用武力制服小学生，家长责备小学生的声音越小，越有耐心，小学生听得就越认真，效果就会越好，更有助于提升小学生的道德水准。如果小学生道德水平有所提升，也会减少校园暴力事件的发生。

二、发挥学校作用

学校是形成、传播和培养小学生良好道德的地方，学校对小学生良好道德的形成有着导向与激励、约束与调适、凝聚与辐射的作用。学校对提升小学生道德起着重要的作用。

（一）加强教师队伍建设

影响一个人成长发展的因素是多方面的，有遗传和环境的影响，有家庭教育和社会教育的影响，而德育教师在小学生道德意识形成和道德养成方面起着主导作用。德育教师按照预定的教育目的和严密的计划，遵循教育的规律，通过一定的形式，对小学生道德进行系统的影响和引导，促进小学生的全面发展。因此建立优良的小学德育教师队伍提升小学生的道德是十分必要的。具体措施如下：

第一，德育教师要有主动发展的意识。德育教师应当主动积极提升自我道德品质，加强个人修养，才能成为合格的小学德育教育者。只有德育教师主体内部呈现主动态度，才有可能更好的完善德育教师队伍的建设。

第二，德育教师要有可持续发展的态度。德育教师必须在德育教学过程中自身不断学习、进步、成长与发展，而且保持到终身。德育教师确定自己的发展目标，并为实现这个目标不断学习积累、补充能量，使自己具有不断发展、持续发展、终身发展的不竭动力。如此可以优化小学德育教师的队伍，以便提升小学生的道德建设。

(二) 建立适合的德育机制

小学生的身心发展具有鲜明的特点，他们本性善良、单纯、可塑性强。在德育机制的设计方面要充分考虑小学生的身心发展特点，必须以他们的身心发展特点为基础，建立科学、合理的德育体制和机制，这样才能有效地提高小学生的道德素质。

第一，基于小学生身心发展特点，构建小学生乐于接受的参与机制。德育质量的好坏很大程度上受小学生参与程度的影响，符合小学生身心发展特点的德育机制有利于吸引小学生积极参与到德育的过程中，并很容易接受德育课堂里所传授的德育知识。学校在设计德育参与机制时可以考虑加入一些有趣的游戏或者其他精彩的活动，把德育教育融入其中，并充分贴合小学生活泼好玩的心性，让他们积极参与到活动中，并在活动中受到良好的教育。

第二，构建有利于引导小学生主动提高自身道德素质的评价机制。学校的评价机制对小学生的思想具有深远的影响，它对小学生的日常行为起到重要的引导作用。学校在评价小学生的综合能力和素质时，不能仅仅强调小学生的学习成绩，更多的是要考虑小学生优良的道德素质，要让他们懂得"先做人再做事"的道理，鼓励他们努力提高自己的道德素质。比如，学校应高度评价和表扬乐于助人、见义勇为的同学，以鼓励小学生在日常生活中热心帮助他人，激发他们积极参与社会公益等活动，从而提高自身的道德素质。

（三）深化德育内容改革

儿童时期是人生发展非常关键的时期，小学教育要把德育渗透于教育教学各个环节，贯穿于学校教育、家庭教育和社会教育的各个方面。小学生处在身心未成熟且正在迅速发展变化的成长阶段，行为特征、思维认知、价值判断等都随着环境变化和年龄增长不断发生变化，可塑性非常强，正是养成良好行为习惯、个性品质、发展社会交往技能的关键时期。

这一阶段的儿童最重要的是"体验从稳定的注意和孜孜不倦的勤奋来完成任务的乐趣"，在小学阶段，要完成掌握学习本领和社会化两个基本任务，主要包括适应学校生活、提高学习能力、发展自我意识和各种基本社会技能、培养集体意识和亲社会行为。学校和班级作为社会的缩影,学生进入学校、走进班级,可以认为是他们离开家庭、走向社会的第一步。学生自主管理是他们认识社会、适应社会的启蒙教育与初步训练,能够推进学生个性社会化。学生的社会责任感、人际交往技巧、道德品质、行为习惯等各个方面无不与其在班级生活中的经历和体验有着深刻的关联。

学生在班级中的角色地位、受关注度、活跃度以及班级的整个氛围极大地影响着学生,并且这种影响往往会伴其一生。因此,培养学生自主管理的意识和能力,理应成为我们当前班级工作的重点。人本主义的人际关系学说主张,充分调动人的工作积极性,改善组织中的人际关系,才能达到有效管理的目的。为了培养小学生的自我管理能力,以班会课建设为抓手,促进培养小学生的自我管理能力提升具有现实的实践意义。

深化小学生道德教育的内容和模式改革对于提高小学生的道德水平有着重要意义。为了增强小学生德育工作的针对性和实效性,就必须推进小学生德育内容和模式的改革和创新。

首先,要改变传统的德育观念。长期以来,小学校园中都以培育老实听话的"好孩子"为目标,要求他们听从老师的安排,严格按老师的要求完成各项学习任务。这样的德育观念是为了培养标准化、机械化的流水线工人,并不是基于以人为本的教育理念去培养适合新时代发展的学生。小学生的道德教育一定要以培养独立自主、自强不息、乐于助人和有理想有道德的优秀学生为目标,并遵循贴近学生学习实际、生活实际和交往实际的育人原则。

其次,要赋予德育内容以时代气息。德育工作要想取得良好的效果,就必须根据价值观念和社会发展的多元化趋向，准确把握时代的脉搏，赋予德育内容以时代气息。当前小学生的德育内容包括文明礼貌教育、爱国主义教育和集体主义教育等内容，这些内容应随着学生年龄以及时代变化而得到优化和提升。不同年级的小学生的德育内容既有共性又有个性，在德育过程中要重视个性，不能千篇一律。

最后，要改善和提升小学德育模式。现在小学的德育模式较为传统，德育途径和方法呆板，教师不注重上课方式的互动性、生动性和有效性，存在严重的形式主义，许多德育教师在课堂上只是枯燥地照本宣科，或者仅通过黑板、粉笔传授德育知识，上课模式枯燥无味，学生很难产生兴趣。

小学德育模式一定要丰富多彩，要切合小学生的情感特点，要和小学生的身边实际紧密地结合起来，采用小学生易于接受的教学方式方法。不能简单地让小学生看书或者让他们死记硬背书上的内容，这样会使小学生产生反感，不愿意去接受德育内容，更不愿意在实际生活中践行优良道德行为。

第四节　中华传统文化与小学生道德提升

中国的传统文化博大精深，蕴含丰富多彩的道德资源，如果在小学生的德育教育中融入传统美德教育，一方面有利于弘扬中华传统文化，另一方面有利于用喜闻乐见的方式，使得小学生受到更形象、更具民族风格的道德教育，效果将充分体现出来。

一、利用好古代优秀读物

《三字经》是我国古代一部流传甚广、家喻户晓的儿童用来识字和培养道德品行的启蒙读物，盛行于明、清两代，对儿童的道德启蒙起着重要作用。《三字经》中表述："曰仁义，礼智信，此五常，不容紊"，这段话说的是，如果所有的人都能以仁、义、礼、智、信这五种不变的法则作为处事做人的标准，社会就会祥和，所以每个人都应遵守，不可怠慢。仁、义、礼、智、信，不仅是教会小学生的做人准则，更是告诉小学生如何维系人与人之间关系，对小学生提升道德修养起到引导的作用。

德育老师教授课程有两大目的：

一是培养小学生的道德品质。中华乃是礼仪之邦，传统文化《三字经》在培养人的道德方面是最好的教材，也是最行之有效的方式之一。

二是学以致用。学以致用是指学习德育课程后要会思考，善于领悟其中的寓意并付出实际行动。在日常的德育教学中，要把传统文化教育逐步渗入到实际的德育教学中去。

二、利用好传统道德故事

故事是儿童认识世界、认识自我的一扇窗口，它以丰富的想象和生动的情节深深吸引着儿童。与泛泛而谈的说教相比，孩子更喜欢从生动有趣的故事中学习道德的含义。

在对小学生进行道德教育时，不难发现道德故事的人文性可以为小学生道德认识的积累提供和谐、放松的环境，道德故事的趣味性可以为小学生道德情感的形成开启欢快、温馨的大门，道德故事的亲和性可以为小学生道德实践浇灌成长的力量。传统道德故事的教育意义更是无形的，它能够成为小学生学习和生活的助手。

第五节　创造良好的社会环境

当今世界已是一个多元文化的世界。伴随着改革开放、经济全球化和现代信息技术的发展，我国的文化领域也产生了深刻的变化，单一的文化市场体系已经被打破，各种各样的文化交织在一起，逐渐形成了多元文化市场的格局。多元文化市场既对小学生道德培养具有积极的作用，也会给当今小学生道德的培养给予一定的冲击。所以，既要吸收当今文化市场较好的一方面，也要严格管理和规范文化市场，为小学生良好道德建设提供精神营养。

一、整顿影视出版等文化市场

目前，我国的影视和出版物等文化市场提供的精神产品虽然数量、类型众多，五花八门，然而总体上鱼龙混杂，质量不尽如人意，对小学生道德建设帮助十分有限。国家相关部门要对这些文化市场进行规范化管理，彻底地清理一些黄色、暴力、无营养、不利于小学生提升道德建设的影视和出版物。与此同时，学校也要多为小学生提供有营养和有价值的书籍和影视作品，要基于小学生的心理特征和小学生的喜好多提供一些喜剧电影和书籍，充分迎合小学生的心理，以便小学生更好地吸收接纳和提升自身的道德水平。

二、调整文化市场重心

过去，人们普遍认为家庭教育和学校教育是影响小学生道德发展的两大主要因素。但如今家长和教师发现小学生接触的网络信息、影视作品、图书越来越多，越来越杂，小学生从中获得的许多不良信息是家长和学校从未传授过的，这对小学生良好道德的形成造成诸多负面影响。

而现在对小学生有教育意义的读物匮乏，他们只能选择成人网络、影视和读物，成年人有辨别和防渗透的能力，而小学生基本没有抵御能力，这些是不适合他们的身心及理解能力的。所以要加强小学生网络、影视、读物等内容的监管。首先，相关部门应多设计些有教育意义的网站和网页供小学生浏览和学习。其次，出版机构要从源头上严格把关图书内容。最后，作家和出版人要多对学校、教师、家长和小学生做调研，真正了解小学生的需求，以便创新和繁荣小学生所接触的影视作品和书籍，从而达到提升小学生道德品质的目的。

三、发挥学校的选择作用

在多元文化市场的情景下，学校要明确小学生适合什么样的影视作品和书籍，什么类型的影视作品和书籍会给提升小学生的道德带来帮助，小学生在提升道德的时候需要增加什么样的新元素内容，这些对文化市场产品的过滤和选择等问题都离不开学校。

一方面，学校尊重小学生的主体地位，让他们拥有道德判断的自主权，能够自己较好地掌握道德原则和道德规范，再根据小学生自己的生活经验和生活情境培养小学生对文化市场的判断能力。

　　另一方面，在鱼龙混杂的文化市场中，学校的宏观调控作用也是不可缺少的。学校要在一定程度上对小学生所阅读的图书和观看的影视作品的范围和内容有所限定，以便提升小学生观看影视作品和阅读图书的质量。因此，在提升小学生道德建设的过程中，必须加强学校在小学生影视作品和读物选择中的作用。

四、加强网络监督和引导

　　随着网络技术的发展，小学生越来越容易接触到网络，受网络语言和言论的影响也越来越严重，网络是一个虚拟的空间，人们在这个虚拟的空间中言论表达非常自由，甚至有的发言毫无顾忌。再加之网络信息传播的速度越来越快，且不受空间和地域的限制，这给网络环境的监管和净化带来严峻的挑战。

　　偏激、有害的网络信息很容易把社会舆论引向错误的方向，进而冲击小学生的认知，扭曲小学生的道德观念，给小学生的道德建设造成严重影响。

　　因此，在网络技术高度发达的今天，必须加强网络的监管和引导，为小学生的道德建设营造良好的社会舆论环境，助力小学生道德水平的提高。面对网络时代舆论的特点，需要主动出击，打好主动仗，积极占领舆论阵地，而不能坐等。面对网络舆论做出速度、科学、合理的反应，引导舆论向维护社会公平正义方向发展，从而使得网络环境中有更多阳光、积极的信息，给小学生带来更多的正能量，引导他们健康的成长和发展。

第五章　小学生道德偏差的问题分析

校园欺凌是世界各国普遍存在的社会和教育难题，随着近几年我国有关校园欺凌的报道频现各大媒体平台，引发了社会各界的广泛讨论和关注，学者们纷纷对其进行了多方面的探索，力图为改善校园欺凌的现状而不懈努力。

在探寻校园欺凌成因的过程中不难发现，校园欺凌的产生原因是多元的，社会不良文化的影响、相关法律法规的缺乏、家庭教育方式的偏差等都可以成为诱使校园欺凌产生的因素，但是学校作为学生日常学习和生活的主要场地，同时也是校园欺凌滋生的重要领域，我们更应该从学校内部去思考其为什么会发生。

第一节　学校方面

一、德育、智育发展不均衡

近些年来，党和政府不断强调素质教育的重要意义，倡导学校要促进学生在德育和智育方面都获得全面发展。在这一背景下，德育被树以很高的旗帜，各学校纷纷对本校德育工作进行调整，以响应国家的号召。

一方面，小学生正处于个体发展的初级阶段，思想认识尚未成熟，他们精力旺盛、自尊心强，渴望得到他人的认可和关注，非常在意周围的人对自己的看法，而在应试教育的背景下，学校和教师大都以学习成绩去评判一位学生是否优秀，学习成绩好的就是好学生，而那些成绩差、又比较调皮的学生成了教师们的"眼中钉"，容易遭受教师与同学的冷落和歧视。

长期处于这种环境中，他们的自信心与自尊心会大受打击，如果没有及时对其进行合理的疏导与调节，容易使一些学生产生挫败感和逆反心理。根据心理学的挫折攻击理论分析，当人遭受挫折后，极易出现攻击、侵犯性行为。即通过欺负他人来博得教师和同学的关注，或是从中获得一种成就感和满足感。

另一方面，由于一味地追求升学率，导致对学生的法制教育、品德与审美教育的忽视，学生对一些基本的法律常识、安全常识缺乏认识，低估校园欺凌等行为的危害性，也不懂得如何运用科学的方式去调节、释放自身的不良情绪，这也在无形中为校园欺凌的滋生埋下了隐患。由此看来，学校的"重智轻德"不仅不利于学生的全面发展，而且还会导致校园欺凌的产生和升级。

二、缺少人文关怀

关怀教育的目标是要把学生培养成具有关怀意识和关怀能力的人，这就意味着学校必须把爱与关怀性融入教育教学的各方面和全过程，包括学校的日常管理工作。

在课间时，时常会见到有学生向老师报告自己受到哪个同学的欺负，或是班上哪几个同学打起来了等类似情况，而大多数教师的惯常做法就是把惹事的同学叫到办公室臭骂一顿，或者写份检讨书并发到班级群里以作警示，如果事情较为严重，则会通知涉事双方家长，让年级组长及学校政教处进行处理。这样的严格管理方式虽然可以对学生的行为起到一定威慑作用，但却存在道德隐患，对于欺凌者而言，欺凌者往往是"知其然而不知其所以然"，即表面上知道欺凌行为是不对的（因为会受到惩罚），实际上却难以真正认识到自身行为的危害性与严重性，这就可能使部分学生出现侥幸心理，导致其今后在没有教师监督的情形下继续做出欺凌行为。

对于受欺凌者而言，学校更是没有给予其应有的关怀和慰藉，教师们往往只会关注受害者的身体伤势情况，对于校园欺凌给其造成的隐秘持久的心理伤害却难以察觉，仅仅只是在事后稍加安慰，没有对其进行后续的跟进关注。这种简单粗暴的处理方式缺乏人文关怀，促使学生将某些行为正常化、自然化，使学生难以进入自我反思与质疑的视域，对权威的忠诚和遵从让其无法或无须独立思考和自主判断，最终导致了对霸凌行为的盲视。

学生在学校不出任何安全事故是每位教师最大的希望，但是在校园里，除了显性的暴力冲突以外，学生群体间也在悄悄开始流行起关系欺凌、言语欺凌等难以被发现的校园欺凌形式，而这些都会给受害学生带来心理上的摧残与折磨。因此，学校的德育管理工作有的只是对学生纪律的严加管控及对学生安全的无休止强调，缺乏对学生真正意义上的关怀，失去了教育本应具有的关怀道德价值，很难培养具有关怀之心和善良品质的学生，也难以从源头改善校园欺凌的现状。

三、生命关怀教育缺失

学校应该以"关心"为主题，将互不关联的教学内容有机地整合起来，让学生在掌握书本知识的同时也能学会关心自己、关心周围的人、关心动植物乃至世界，这无疑是强调了生命教育对于学生的重要意义。

小学生正处于身心发展的初级阶段，除了掌握必备的科学文化知识、养成良好的行为习惯以外，也需要对生命这一概念有一定的认识和了解，生命教育的欠缺会使学生缺少对生命意义的思考，不懂得热爱生命，从而不尊重自身与他人的生命。在校园欺凌事件中，欺凌者在欺负他人时不会体会到受欺凌者的痛苦。

四、学校与家庭沟通较少

父母是孩子的第一任教师，家庭教育是学校德育的补充和延伸，在孩子道德品质的形成过程中同样起着不可或缺的作用。因此，对学生的德育如果仅仅靠学校教育是远远不够的，还需要家庭教育与之配合。

如今，很多学校每个班都建有一个家长微信群，每学期定期召开几次家长会，此外还有校信通、家长委员会等，但是笔者却发现，在班级群里，班主任一般只会发布学校相关活动的安排与要求、学生的考试情况及作业情况等，家长和教师交流的内容也大都是侧重于孩子的学习方面，而对孩子在学校的其他表现如情绪、言行、心理等方面则不是很在意。当班上一些学生出现了欺凌他人行为时，除非受害学生身体出现了较为严重的伤口，而像一些小擦伤以及类似于语言欺凌、关系欺凌这种不会给受欺凌带来明显身体伤害的行为，一般都是班主任找当事学生进行批评惩罚即可，并不会告知双方的家长。

可见，部分教师为了避免给自己增添不必要的麻烦，在与家长沟通时故意对孩子的一些日常表现有所隐瞒，在校园欺凌行为初现端倪时没有向家长及时反映孩子的问题，没有和家长共同商量解决对策，这样做既没有让家长及时掌握孩子的不良行为并进行引导教育，也会让欺凌者认为此事没什么大不了，并且可能在今后老师不在场时继续对受欺凌者实施欺凌。

此外，学校德育与家庭教育相脱离，会使学校德育孤立无援，难以发挥其应有的实效性。例如，在学校时老师会教导孩子同学间出现矛盾时大家都要宽容，各自礼让三分，和平解决，而在家里有些孩子父母就会觉得如果孩子吃了亏就应该讨回来。

所以，家庭教育与学校德育相矛盾易造成学校德育流于形式，效果甚微，对学生的言行很难起到规范的作用，也可能导致部分学生无所适从，产生认知冲突，在学校里行的是一套，在校外又是行的另一套，为校园欺凌的滋生埋下隐患。

第二节　教师方面

一、教师德育素质有待提升

学生关怀意识与能力的缺失是诱使校园欺凌产生的重要因素，榜样可谓是道德教育的首要组成部分。因此，要想培养学生具有关心他人的意识与能力，必须重视榜样的作用。教师作为小学生在学校中接触时间最长的人，是小学生最为直接的榜样，教师的一言一行都蕴含着道德的启迪。

教师对小学生道德品质的形成发挥着潜移默化的作用。因此，所有教师都应具有榜样意识，要以身作则，在同学生的日常相处中时刻流露出关心、平等、和谐的理念，让学生真切地体会到被爱与被关怀的感觉，从而自然而然地学会关怀，践行关怀，与周围的人和谐共处。然而，在本次研究中，部分教师所展示出来的形象在一定程度上反映了教师关怀榜样作用的缺失。

首先，是教师在教学过程中表现出来的消极言行为学生提供了不良示范。随着近年来人们对建立民主平等师生关系的呼吁以及教育部门对学校体罚现象的严加管控，大部分地区，特别是在大城市的学校中，教师体罚学生的情况已经得到大大改善。

其次，在校园欺凌事件发生后，一些教师怕惹上麻烦，采取"大事化小，小事化了"的态度，仅仅是对双方进行简单批评教育，不去了解事情的来龙去脉，这不仅没有帮助受欺凌者脱离被欺凌的困境，反而会助长欺凌者的嚣张气势，导致欺凌行为的升级，甚至有些教师直接对学生的欺凌行为选择漠视，使得旁观学生今后在面对欺凌事件时不去及时制止和干预，而选择当一个冷漠的看客。

最后，教师道德素质的低下还表现在对班上不同学生的差别对待，失去了"公正"的权威。由于学生成绩、性格、外貌、家庭等因素的差异，教师会分别对他们产生不同的态度和反应，那些学习出众、性格活泼的学生更容易得到教师的喜爱和关注；而那些成绩不佳、性格内向或爱调皮捣蛋的学生则容易遭受教师的漠视、挖苦或嘲讽。

教师对学生的这种区别对待也会在无形中助长校园欺凌的发生，那些被教师所青睐的"好学生"，无论是在学习上还是生活中都会获得教师的关心和优待，这会使他们产生一种无可比拟的优越感，甚至仗着教师对自己的维护和骄纵在班上横行霸道，做出欺负他人的行为。

相反，对于那些不受教师待见的"差生"，一方面，班上的学生会受教师的影响，有意无意地疏远和排斥他们，使他们成为被欺凌的对象；另一方面，由于长期受到教师的忽视和不公平对待，这部分学生会极易产生愤怒、不满的负面情绪，如果负面情绪没有得到正确的疏导，长此以往也极容易产生暴力行为。

小学大部分教师道德素质较高，能够做到平等、宽容地对待学生，但仍不乏少数教师对所有学生没能做到一视同仁，尤其对那些成绩落后或行为有失的学生缺乏关怀、耐心与尊重，甚至对其进行言语上的嘲讽和态度上的冷落，这在无形中为学生树立了不良的榜样，为校园欺凌的滋生提供了温床。

二、师生之间缺少交流

教育中所有的人际关系都应体现关怀性，尤其是师生关系，因为"各种美德几乎都是从这种关系中自然发展起来的"。而要想建立良好的师生关怀关系，最有效的方式是"对话"，即教师通过与学生经常性地沟通、交流从而了解学生的内心真实需要，及时做出回应并满足其需求，获得相互的支持和理解。当学生感知到被教师关心和认可，并对教师的关怀行为给予一定的回应时，他们就会在无形中习得关怀与宽容、尊重与平等良好品质，进而弱化自身的攻击行为，与周围的人建立和谐友好的同伴关系。师生沟通不畅一般体现在四个方面。

一方面，受应试教育的影响，教师们的业绩与学生成绩直接挂钩，教师的工作重心还是停留在如何提高学生的分数上，对于学生的其他方面如情绪状况、心理行为问题等关注甚少。许多教师每天都会叫个别学生到办公室，学生们不是在被训斥就是帮改作业或试卷，师生间的谈话内容大部分都是围绕"昨天为什么没完成作业""这次考试怎么错了这么多""今天上课为什么没认真听讲"等学习方面的问题，关于学生生活、心理方面的问题则很少提及。

教师关心学生学习的出发点自然是好的，但是如果过于关注会导致部分学生产生压力和焦虑感，一旦他们在成绩上没有达到教师和自己的期望，就极容易产生沮丧、失落的负面情感，再加上没有获得及时有效的疏导，就可能通过一些不良途径来发泄不满情绪，例如欺凌同学。

另一方面，师生沟通的不畅还体现在欺凌事件发生后教师对涉事双方的处理方式上。学生间发生欺凌事件时，多数教师的做法即是对欺凌者进行简单粗暴地批评和惩罚，例如罚站、罚抄书、罚写检讨等，并没有深入探寻他们欺负同学的个人和家庭原因是什么，更没有以关怀者的身份帮助欺凌者认清自身行为的错误，这样做难以使其接受和信服，容易造成一些性格偏激的学生产生抵触和逆反心理，使师生关系变得更加疏远和紧张；对于被欺凌者，教师也往往是当场简单安慰，没有判断其是否需要持续地的心理疏导。

从笔者的调查访谈中可以看出，当学生之间发生了欺凌事件时，教师的处理方式往往欠妥且无效，既没有帮助欺凌者真正认清自身行为的错误，也没有帮助受欺凌者摆脱受欺凌的境遇，一些被欺凌者从此对老师失去了信任，之后再次受到欺凌后也不会寻求老师帮助，而是选择自己默默忍受。

大多数教师自认为很关心、理解学生，但这种关心大都只是教师的一厢情愿，即只是停留在学生的成绩、作业、课堂表现等学习方面，不仅不能使学生感受到关怀和温暖，反而会使学生产生压抑、畏惧等不良情绪，真正能做到了解学生的真实想法，满足学生实际需要的教师少之又少。在这种缺乏相互关怀、理解、信任的师生关系中，教师的德育引导也难以打动学生，这无疑大大降低了德育的实效性，为校园欺凌的发生创造了条件。

第三节　学生方面

一、自我意识低下

除了受学校和教师的影响以外，诱使校园欺凌事件发生的重要原因还在于学生个体关怀能力欠缺，无论是欺凌者还是被欺凌者，都在一定程度上表现出自身关怀意识的匮乏。对于受欺凌者而言，他们缺乏日常生活所必需的自我防范意识，自我关怀能力低下。

可见，在校园欺凌事件中，一些受欺凌者由于多种原因，或是怕招来更严重的欺凌，或是觉得被他人知道自己被欺负是羞耻的，或是怕家长们担心等因素，从而不敢寻求他人的支持和帮助，不敢反抗，而选择闭口不谈一人独自承受痛苦，这无不体现了其对自身身心安全的不重视，自我关怀能力不足。可是这样做非但不能使自己摆脱被欺凌的遭遇，反而还会助长欺凌者的嚣张气焰，使其变本加厉，长期下去会导致校园欺凌越演越烈。

二、缺少关怀他人意识

对于欺凌者和旁观者而言，他们无法体会受欺凌者内心的煎熬和痛苦，关怀他人意识薄弱。

在一些学生被欺凌的过程中，周围不乏有许多"看客"，而他们却没有给予被欺凌者积极的帮助和支援，而是选择要么熟视无睹默默绕开，要么跟风起哄，加入欺凌者的队伍。导致旁观者们如此冷漠的重要原因在于他们缺乏同情心，关爱他人能力低下，而不懂得关心、理解、尊重他人的人内心通常是麻木、自私的，他们对别人的生命持有冷漠无情的态度，不顾他人生命安危，更容易成为校园欺凌中的实施者和旁观者，而当学校中大多数学生都缺乏关怀之心时，校园欺凌就会在不知不觉中蔓延。

第四节 建 议

许多人都以为校园欺凌仅仅会出现在新闻报道中，根本不会发生在我们的身边，多数学生并不知道欺凌的具体概念，并以一种看热闹的旁观者心态漠视着眼前的欺凌事件，校园欺凌从根本上讲属于学生的道德偏差行为，其产生暴露了学校德育工作的不足。

因此，要想有效治理校园欺凌问题，仅仅靠严厉的规章管理制度和惩戒措施是远远不够的，问题解决的根本还应该回归到影响学生道德观和思想认识的学校德育中去，即通过不断健全学校德育工作，充分发挥学校德育的实效性，提升学生的整体道德素质水平，从而营造和谐友爱的学校德育氛围，将校园欺凌扼杀于萌芽状态。

一、营造良好的校园德育环境

（一）落实德育教育

小学阶段正是小学生身心发展的初级阶段，同时也是道德观形成的基础阶段，在这一时期他们所形成的三观和思想认识将对其日后的道德实践产生至关重要的影响。因此，学校应该充分抓住小学阶段这一学生道德发展的关键时期，改变传统的重智育轻德育的教育理念，坚持做到育人为本、德育为先，切实落实好德育的首要工作地位，以德育促进学生的智育，让学生获得全面发展。

（二）提出德育教育理念

学校必须适应时代要求，摆脱应试教育的负面影响，提高对德育的重视程度，大力推进素质教育。学校和教师应该清醒地认识到"唯分数论""分数决定成败"等观念的弊端，这种只关注学生学业成绩而忽视学生其他方面发展的教育观念容易造就出一批"高分低能"的学生，并且也会导致部分学习不佳的学生自暴自弃，甚至走上违法犯罪之路。这不仅不利于学生的个人发展，也为社会的稳定安全埋下了后患。

作为教师，要树立正确的人才观，不应以学习成绩作为评判学生是否优秀的唯一标准，而应该注重学生在德、智、体、美、劳各方面的和谐均衡发展，要秉持"教书育人"的宗旨，在传授知识的同时也要向学生传播正确的世界观、人生观和价值观，引导学生在学习科学文化的同时也学会如何做人。学校要把德育工作置于其教育教学规划的首要位置，遵循学生的品德发展规律，有目的、有计划、有针对性地加强小学生的道德教育，充分利用好思想品德课这一德育主渠道，保证其课时数量，并开展丰富多样的德育活动，让学生通过亲身实践不断提升自身道德素质，规范自身道德行为，尽量从根源上消解校园欺凌问题。

（三）保证德育教学质量

在我国各大学校，学生们几乎都知道学校课程有"主科""副科"之分，即升学考试要考且占分较高的就是"主科"，升学考试不考的则是"副科"，在小学阶段，很明显，语文、数学、英语是主科，而思想品德、美术、音乐等科目就是所谓的"副科"。虽然教师们在表面上并没有明确赞成这种说法，但实际上往往也对这种观念达成了共识。

德育课教师由于担任整个年级的德育课教学，常常心有余而力不足，难以保证德育课的质量；而受这一系列因素的影响，导致学生也不重视德育课，在课堂上嬉笑打闹，无法无天。转变这种情形要做好以下两方面：

一方面，学校要确保每个年级每周至少上一次德育课，并明确禁止德育课被其他课占用的情况。在保证德育课课时数的同时也要注重德育课程的质量，学校应配备专业的德育课教师，每位教师负责两到三个班级的德育课程，并定期开展德育课的赛课、示范课等活动，提升德育课教师的教育专业水平，充分利用好《道德与法治》这本教材，使德育课能适应不同年级学生的品德发展规律，发挥其在提升学生道德素质、培养学生良好行为习惯的作用。

另一方面，除了通过固定的德育课对学生进行道德教育以外，德育还应该渗透于各个学科之中。因此，作为教师要不断提升自身德育意识，善于挖掘本学科内容的思想性，充分发挥每门学科铸魂育人的功能，使教学过程与德育过程相统一，实实在在地贯彻"全员德育，全程德育"的教育理念，让小学生在不同的学科课堂中受到德育的熏陶和感染，从而在潜移默化中不断提升自身道德素质。

二、将德育教育融入校园管理

关怀道德教育的目标是运用关怀的手段提升学生的关怀素养与关怀能力，学校的任何一项工作都应该是充满关怀性与人文性的，包括学校的管理体系。

学校不能完全依赖硬性的管理规定来解决问题，要知道管理的目的在于尊重学生、帮助学生学会以更好的方式解决问题，同时又不会纵容不合理的行为，既注重内在心灵的陶冶，又关注外在行为的养成，从而实现主体德性与制度规范的统一。我们要将关怀德育渗透于学校管理层面中，提升管理方式的道德性。

一方面，关于学校应该构建具有关怀性的管理方式，将权力下放给教师和学生，教会学生自己管理教室和学校。所以，在学校各项规章制度的制定过程中，要充分发扬民主作风，允许学生和教师参与其中。例如，在校园欺凌问题的防治环节中，学校应鼓励全校师生积极参与，献言献策，激发他们的主人翁意识，并统筹各方的意见建议，制定出严谨、全面的管理制度，并号召全员参与制度的执行与落实，这样做既能对学校成员的言行举止起到一定的规范作用，同时也能体现"以人为本"的基本理念，让师生感受到学校的所有规章制度都是富有人情味的，提升他们对校园制度的接受和认同程度，从而对学校产生强烈的归属感和认同感，营造和谐友爱的校园氛围。

另一方面，在校园欺凌的防治环节，要做到惩戒与德育相结合。关怀德育的管理模式并不是表明要完全摒弃硬性的纪律管理方式，而是要让德育管理变得更具有灵活性和弹性，做到德育与惩戒并重。例如，就校园欺凌事件中欺凌者的处置而言，对其进行一定的批评惩罚是必要的，但惩罚也有轻重之分，应根据欺凌行为的严重程度以及实施欺凌的原因来具体问题具体分析，惩罚只要能发生警示和助人自新的效用即可，只要达到此目的，惩罚越轻越好。

也就是说，除了让学生写检讨、罚站等之外，还要对其进行道德引导，如果仅仅是惩罚容易造成欺凌者虽然知道这种行为是错的，却没能让他们真正认识到为什么不应该这样做，有些学生还会产生逆反和不服的心态。因此，教师首先要询问其欺凌他人的原因，再讲解欺凌行为的严重性和危害性，让他们站在被欺凌者的角度去想象自己被欺负时的感受，从而培养他们的同理心，唤醒他们的移情能力，最终理解自身行为的错误，消除他们的不满和逆反情绪，促使内心关怀德性的觉醒。

三、德育内容增加生命关怀教育

生命教育的内涵有两种，一方面是教育本身对生命的关怀，即我们的教育必须做到以人为本，以学生为主体，具有人情味。这就要求我们的教育方法、教育内容、教育目标等要遵循学生身心发展的规律性。作为教师要转变传统的教育观念，既要教书，更要育人，除了让学生掌握自己所教科目的知识以外，也要善于挖掘自己所教科目内容的思想性，促使学生在德、智、体、美、劳几方面都能获得均衡发展，从而帮助每一个学生都能实现自己的最佳生命价值。

同样，教师要一视同仁对待学生，不能因为学生的成绩、性格、外貌等方面将他们区别对待，要发自内心地去理解与信任他们，对于后进生或是行为有偏差的学生，更是要给予他们更多地关照和引导，密切关注他们的学习状态。教师在关心学生学习方面的同时也要注意他们的心理与情绪状况，一旦发现他们有消极表现就要及时进行交流，尽可能地帮助他们解决学习、生活中遇到的烦恼和问题。

生命教育的另一层含义指的是对于生命本身的学习，即帮助学生正确认识和理解生命现象和生命的意义。在教学过程中，教师要传授给孩子正确的生命观、价值观，使学生潜移默化地受到影响，树立正确的生命意识，使他们知道到在关注自身生命、实现自身生命价值的同时，更要关怀、尊重他人的生命，从而唤醒学生对于生命的保护与责任意识。

当今社会各种暴力事件频繁发生，因此引导学生领悟生命的意义变得十分关键。将生命教育纳入校园欺凌防治体系，既有利于促使欺凌者内心善性的觉醒，弱化自身的攻击行为，也可以改善旁观者冷漠、消极的态度，能够主动地关怀他人，积极站出来制止欺凌行为，同时也有利于受欺凌者勇于维护自身权益。

对于小学生来说，生命这一概念较为深刻和抽象。因此，针对他们的生命教育不能只是局限于向他们一味地灌输要保护生命、珍惜生命等相关的安全知识，更为重要的是让他们对生命产生一种积极的情绪体验，学会敬畏和呵护生命，可以采取学生感兴趣的方式实施，例如观看视频、亲自培育植物或喂养动物，记录下它们的生长过程以及自己的感受、参加关于保护动物的实践活动等，从而增强自身同理心。

小学的生命教育也要注重学生人际交往方面的培养，帮助他们树立与人为善的价值观，学会与他人和谐相处；引导他们在面对同学间的冲突时该如何合理地化解矛盾，能自觉地控制和宣泄不良情绪，从而弱化自身攻击行为。

四、家校结合，共同进行德育教育

对学生进行道德教育不仅仅是学校的事，更需要家庭的积极参与和配合，两者要充分发挥各自的优势与作用，相互促进，共同发展，从而增强学校德育工作的实效性。学校应与家长经常进行沟通与交流，了解家长在教育孩子时存在的问题与困惑，同时增进家长对学校育人理念的认同与理解，对孩子的教育无论在学校还是在家中都要保持目标一致，避免孩子产生认知冲突。

学校有固定的家校沟通渠道，但其主要作用仍是向家长反映孩子在校的学习情况及通知学校的一些活动安排事宜。针对这种情况：

一方面，学校应该为家长们提供科学、正确的教育指导方法，通过召开家长会、家庭座谈会等相关形式，帮助家长树立正确的教育理念，要明白孩子的成绩并不能代表全部，在关心孩子分数的同时也应该重视孩子良好品行的发展与培养，使家长们意识到家庭德育的重要性，通过正确、合理及关怀孩子的方式，对孩子的道德发展做出良好的示范引导。

另一方面，可以通过有计划的家访和电话家访，让教师与家长相互反馈孩子最近的各方面信息，即行为表现、情绪状况等，这样做不但能拉近教师与家长、学生之间的距离，增进彼此的理解和信任，双方还能更加全面地了解孩子在家和学校的表现，对孩子进行更加有效的德育。

此外，可以利用互联网先进、便捷的特点，在全校建立以班级为单位的网络信息平台，每名学生都有自己对应的网络数据库，在上面除了记录有学生的一些基本信息如姓名、家庭住址、电话之外，还有不同教师对孩子近期在校表现的评价，即每一位教师都有权利对学生最近的状态及变化进行点评。

通过丰富学生的网络数据信息，家长们能及时了解并掌握孩子在校的不同表现，从而对孩子进行有针对性的教育。同时，作为家长也可以通过网络平台对学校德育工作进行监督，并在平台上留言提建议，使学校德育工作广泛吸取意见，不断改进德育机制，提升学校德育工作的效果。

当班级中有学生卷入校园欺凌事件时，教师不能持着"多一事不如少一事"的想法故意向学生家长隐瞒事实，而是应该积极与学生家长进行沟通，共同商量解决办法。对于欺凌者来说，应向其家长如实反映孩子在校所做出的不尊重同学的言行，并说明这样做的后果和危害性，引起家长的重视，及时对孩子的不良言行进行引导教育，和教师一起合力矫正其偏差行为。

对于受欺凌者来说，教师更是要告知其家长孩子在校受欺负的遭遇，并和家长共同找出孩子被欺凌的原因，是自身性格懦弱导致，还是成绩较差招致嘲笑或是有不良的行为习惯等，并让家长做好孩子的心理疏导工作，教给孩子一些必备的应对欺凌的知识和技巧。同时，教师也要持续关注孩子之后在学校的情绪、行为表现，并定期同家长交流，帮助孩子尽快回归正常的学习生活。通过家校合力，共同建设消解欺凌行为的关怀德育网，尽最大努力减少欺凌行为给孩子带来的伤害。

第六章　校园欺凌情况下的德育对策

第一节　校园欺凌内涵

校园欺凌即在学校或学校周边区域发生的，一名或多名学生对另一名或多名学生施以主观蓄意的伤害行为，这些行为都会造成被欺凌者身体、心理以及财产上不同程度的损害。此外，从道德角度来看，笔者认为，欺凌者蓄意、恶意的主观动机，难以控制自身不良情绪以及由此给被欺凌者带来的一系列身心伤害行为，在一定程度上反映出了欺凌学生道德认知不完善、道德情感冷漠以及道德意志的不坚定，因此校园欺凌也是学生道德偏差的直接表现。

与校园欺凌相近的一个概念是校园暴力，目前学术界对于两者概念并没有明确的界定，甚至有将校园暴力与校园欺凌相混淆的情况，但二者之间究竟是什么关系，目前主要存在两种观点：一种是包含关系，校园欺凌被包含在校园暴力的范畴之内，是校园暴力的一种表现形式；另一种观点认为二者是相交的关系，校园欺凌与校园暴力之间既有区别，又存在着重合的部分，即"相交"。

暴力行为和欺凌行为之间确实具有重叠的部分，即两者都会利用身体力量对他人实施严重的攻击性行为。对于两者之间的不同点，可以根据一些学者对校园暴力的概念界定对二者差异进行说明。校园暴力是在学校对内为达到某种不良企图，通过暴力方式，压制受害者的反抗想法和行为，而针对学生、老师、学校以及校外人员之间所发生的攻击、暴力以及侵犯生命、身体、财产的行为。校园暴力是指发生在中小学、幼儿园及其合理辐射地域，学生、教师或校外侵入人员有意攻击师生人身及学校和师生财产、破坏学校教学管理秩序的行为。

从涉事范围来看，校园暴力要大于校园欺凌，校园欺凌主要是在学生之间所发生的欺凌行为，而校园暴力还包括校外人员对在校师生的人身或财产所施加的暴力、攻击行为；从实施方式来看，校园暴力更强调身体上的攻击行为，而校园欺凌除了身体上的欺凌之外，还有言语欺凌、关系欺凌、网络欺凌几种方式。例如像起难听的绰号、孤立、排挤等行为都属于校园欺凌的范畴，但这些很难被认定为校园暴力；从事件后果来看，校园欺凌发生的后果较轻，属于学生之间所发生的道德偏差行为，而校园暴力往往会造成较为严重的后果，给受害者带来的身体伤害也较为严重，甚至会出现双方持武器群体斗殴的情况，一般伴有违法犯罪行为的产生。

第二节　小学德育的内涵

一、德育的内涵

在我国古代，"德"与"得"相通，许慎的《说文解字》中解释为"德，得也，外得于人，内得于己也"，即所谓品德，就是获得，一方面对他人施以善德，让众人各得所益；另一方面，将善念存于心中，使身心各得其益。由此可见，在我国传统文化中，"德育"指的是通过接受熏陶涵养，从而内化于心，使人各得其所。

在现代学术界，关于德育的定义主要有以下几种表述：在《德育原理新论》中，德育被认为是"教育者按照一定社会或阶级的要求以及受教育者品德发展的规律，有目的、有计划、有组织地对受教育者施以思想、政治、道德和法制方面的影响，在受教育者积极地参与和互动中，逐渐培养他们品行和修养的教育活动。"

可见，德育被视为学校教育教学活动中的重要组成部分，但这并不意味着教师在课堂上向学生一味地灌输关于道德的理论知识，更为重要的是通过教师的言传身教，引导学生在日常的学习生活中自主增强德育意识。在我国目前有关德育的界定中，许多人认为德育不仅仅是对受教育者的思想品德、道德素质方面施加教育，德育应该包含更为广泛的内容，如政治教育、心理教育、法制教育等。

德育有广义和狭义之分，广义的德育指教育者根据一定阶级或社会的需要，有目的、有计划、有组织地对社会成员在政治、思想及道德等方面进行影响的活动，包括社会德育、家庭德育和学校德育等方面，狭义的德育专指学校德育。

本文的小学德育是指学校德育，即学校及教师对学生进行旨在促进他们形成正确的道德品质和思想认识，从而养成良好行为习惯的教育活动，主要由道德教育、思想教育、政治教育、法制教育和心理健康教育等方面组成。目前，我国各大学校主要是通过各类德育课程进行德育，除此之外，学校德育还渗透于学校教育教学工作的全过程和学生日常学习生活的各个方面，不仅仅局限于学科课堂，学校的管理制度、实践活动、教师的素质高低等都会对学生的道德品质产生影响。

二、小学德育的内涵

小学德育是指针对小学生进行的道德教育，是教育者根据社会的需要以及小学生的身心发展规律等特征，对其进行旨在促进他们形成良好的道德品质、行为习惯、心理素质等方面的教育教学活动。目前，我国小学德育的主要内容是向学生进行以"爱祖国、爱人民、爱劳动、爱科学、爱社会主义"为基本内容的社会公德教育和相关的社会常识教育（包括必要的生活常识、浅显的政治常识以及同小学生有关的法律常识），重点培养他们具有良好的意志、品格和性格，养成良好的行为习惯，提高明辨是非的能力，从而促进学生的全面发展。

其中，根据《小学德育纲要》和《小学生守则》的内容要求，骂人、打架等属于校园欺凌的不良行为都是被明确禁止的，但是这些都是较容易被察觉的欺凌行为，而其他一些如给他人起不雅绰号、孤立排斥他人等较为隐蔽的欺凌行为在我国德育内容中均未指出。这表明，在我国学校的德育体系建构中，关于学生校园欺凌的内容有待进一步完善。

三、关怀德育的主要方法

这种教育模式强调"关心是一切成功教育的基石"，指出道德教育最好围绕关怀来组织，学校要切实做到关心爱护每一个儿童。

（一）树立榜样

榜样在道德教育的所有形式中都占据着举足轻重的地位，是道德教育的重要组成部分。教师的一言一行都蕴含着道德的弦外之音。道德教育并不仅仅是教给学生关于道德的原理以及怎样运用这些原理去解决实际问题，更重要的是要充分发挥教师自身的示范榜样作用。小学阶段的孩子身心发展不成熟，模仿能力很强，教师作为在学校中与学生接触时间最长的人，其言行举止都会成为学生模仿的对象。

因此，教师要以身作则，时刻注意自己的言行，通过自身高尚的情操和健全的人格创设与学生间的一种关怀关系，让学生实实在在地感受到关怀，拥有关怀之心，这样学生就能在生活中学会关心他人，理解他人、尊重他人。教师自身的良好示范会让学生在不知不觉中受到影响，从而形成正确的道德观、价值观、人生观，并遵守基本的道德规范。

(二) 关怀对话

对话贯穿于道德教育的始终，同样是道德教育的重要组成部分，真正的对话使人们相互了解，这是关心的基础。通过对话，双方敞开心扉，展现自我，表达各自的观点，从而真正了解对方的需要，获得相互的支持和理解。诺丁斯认为，在道德教育中，师生间的对话尤为关键。在对话过程中，师生双方处于平等地位，并不是教师对学生的"循循善诱"，而是双方共同进行批判性的思考，双方谈论的内容是开放式的，没有标准答案，学生可以畅所欲言，表达自己的所思所想。

虽然教师的时间和精力是有限的，难以同所有学生建立一种深刻、持久的个人关系，但是一旦教师在与学生对话时，教师要敞开心扉，耐心、认真地倾听学生吐露真情实感，走进学生的内心世界，不仅要在意学生说了什么，还要思考学生这样说、这样做的背后深层次原因，从而加深师生之间相互的理解、信任与尊重，构建充满关怀的师生关系。除了与学生进行对话之外，教师也要主动地同学生父母沟通交流，以便深入了解学生的情况，提升师生关怀的有效性。

（三）注重实践

学校应该给学生创造丰富而真实的关怀实习的机会，让他们掌握关心的技能。更为关键的是，让他们有机会具备必需的个性态度。因此，学校道德教育的活动要围绕培养学生的关心能力展开，使学生在实践中不断练习、强化关怀技巧，并逐渐转化为一种习惯，形成关心、理解他人的态度，从而与周围的人建立起相互尊重、和谐友爱的人际关系。

（四）表示认可

证实是对他人行为的优点进行确认和鼓励，即对他人的行为表示认可。学生所扮演的角色获得的感受是增强或削弱其道德理想的主要动力，教师对其做出的反应是其自我形象形成的一个重要因素，因此教师要赋予学生与现实情况相吻合的积极的自我形象，从而引导学生形成积极的道德追求。教师对学生的认可要建立在充分了解学生的基础上，这就需要一个求证过程。

教师要察觉到学生行为背后所蕴含的深层次动机，将可能的动机与真实情况进行匹配，而不能错误地认可或证实他们的行为和品质。证实的过程有助于我们获得理解人本心的视野和机会。同时，作为教师也需要被认可。对教师而言，最佳的认可无疑是学生对教师的关怀行为给予积极的回应；其次，社会也要有认可教师的科学标准，教育界不能一味地去控制、约束教师，而是要通过对话去倾听教师的心声，尊重他们的情感和创造精神，并积极鼓励教师们共同交流教学经验。

第三节　校园欺凌问题

校园本该是生机勃勃、书香四溢、高度文明的教学场所，然而近几年频频出现的校园欺凌事件使校园这片净土染上了污点。随着人们物质生活水平的不断提高，青少年成熟年龄愈加提前，低龄化态势显著已成为当前我国校园欺凌的特点之一，即欺凌涉事者的年龄越来越小，甚至在小学校园内就出现了欺凌现象，这引发了社会各界的高度关注。学者们纷纷从不同的学科视角对此进行深入探究，力图为缓解校园欺凌这一危害青少年身心健康的教育与社会难题献言献策。

基于此，本文以学校德育为切入点，试图探究校园欺凌与学生个体道德之间的关系，发现学校德育在防治校园欺凌中存在的问题及不足之处，并提出相应的解决对策，这对于丰富校园欺凌问题的研究，为青少年的健康成长构建一个安全、和谐的校园环境具有重大的现实意义。

小学生是祖国的未来和希望，校园欺凌事件不仅阻碍了他们正常的学习生活，还给其身心发展带来了严重的负面影响，因此采取有效措施及时预防和治理小学校园欺凌问题刻不容缓。校园欺凌产生的原因是多元的，社会不良风气的影响、家长不当的教育方式、学校监督管理不到位等，都可以被认为是诱使校园欺凌发生的因素。然而这些归因仅仅只是停留在浅层，校园欺凌产生的深层次原因没有得到足够挖掘，外因通过内因才能起作用，无论是哪一种原因，归根结底是欺凌主体自身出现了问题。

小学生的年龄一般为 6~12 岁，其道德判断水平正是处于前习俗水平和习俗水平，发展阶段在第二、三阶段。这一阶段的儿童将满足自己的需求和获得他人的称赞作为判断自身行为的标准。因此，如果他们在这段时间没有得到正确的道德引导，很容易为了满足自己的需要或是为了得到周围朋友的认可而做出一些包括校园欺凌在内的偏差行为。

可见，校园欺凌在一定程度上是学生的思想认识和道德观发生了偏差导致的，学生道德素质的低下暴露了道德教育存在的问题，而学校德育作为培养学生道德品质的主要途径，理应为学生道德素质低下承担一定的责任。

校园欺凌是世界各国所面临的普遍难题，要想从源头上彻底根除校园欺凌，其可能性微乎其微。目前，国内外许许多多的专家、学者、教师等有关人员都在为改善校园欺凌的现状不懈努力，然而效果却不尽如人意。尽管近年来我国有关校园欺凌的研究日益增多，但是内容都大同小异，主要集中在现状、成因及对策方面，对于校园欺凌的防治对策往往是与成因相对应，多是从宏观层面进行探讨，涉及个体、家庭、学校及社会四个层面，倡导构建"四位一体"的校园欺凌防治体系。然而这仅仅是停留在"治标"的层面上，即提倡通过各种严格的法律法规和管理体制控制约束学生的行为。

欺凌行为的产生被归因为环境中各种消极因素综合作用产生的结果，校园欺凌产生的深层次原因没有被充分挖掘，很难使其从源头上得到有效的预防和治理。

校园欺凌在一定程度上是由学生道德素质低下造成的一种道德偏差行为，在教育部发布的文件中，校园欺凌行为都是被明确禁止的。从这一角度来看，学校理应把德育工作作为防治校园欺凌的重要手段之一，但在现实生活中，真正把这两者联系在一起的学校少之又少。因此，我们很有必要从学校内部出发去挖掘影响校园欺凌发生发展的德育因素，找出学校在防治校园欺凌中的不足，并不断改善学校德育工作，充分发挥学校德育的实效性，提升学校成员的道德素养水平，由此校园欺凌这种负面行为定会得到削弱。

第四节　校园欺凌成因

校园欺凌产生的原因是多元的，但综合国内学者们的研究，主要从个人、家庭、学校和社会四个层面进行探讨。

一、个人原因

由于欺凌者和被欺凌者自身可能具备一些比较稳定的人格倾向和特征，所以欺凌行为往往呈现出持久性的特点。一般而言，性格内向、低自尊的儿童比开朗、外向的儿童受欺负的概率更高，因为他们大都较为胆小、懦弱，从而成为他人攻击的"出气筒"。一些学生由于自身生理及心理上存在缺陷，因此更容易产生霸凌行为，同时，这一时期的学生又正处于身心蓬勃发育的阶段，身体精力旺盛，但心理尚未发展成熟，当不知道采取何种适宜的方法宣泄消极情绪时，就会借助一些不良手段，如校园霸凌宣泄负面情绪。

致使学生实施欺凌行为的主要原因在于学生自己，总结下来有三点，即个体自身性格缺陷、缺乏沟通技巧、认知较为欠缺。

二、家庭原因

家庭是塑造青少年人格的第一场所，而父母则是青少年思想道德的启蒙老师，因此国内研究者在探讨校园欺凌成因时，几乎都将家庭因素纳入研究范畴内。从家庭教育的角度出发，苏春景认为校园欺凌的影响因素主要体现于中国传统文化在无形中所倡导的"和"与"忍"的待人处事方式，而这会在无意识中使欺凌行为得到强化，同时离异、再婚等较为复杂的家庭结构所导致的家庭教育不当和冷漠家庭氛围也会在一定程度上导致欺凌者形成暴躁、孤僻、自私等不良性格。

家庭的经济条件与校园欺凌也存在一定的关系，在经济水平较低的家庭中生活的孩子更加容易受到其他孩子的排挤和蔑视，且受到言语欺凌的可能性更大。

此外，家长的一言一行会对儿童的待人处事方式产生直接影响，如果父母经常在孩子面前争吵打架，很容易使孩子在潜移默化中受到负面影响，并理所当然地认为用暴力方式去解决问题是正常的，从而助长了孩子的攻击型人格，在学校中容易做出欺凌他人的行为。由此可见，家庭结构不完整、家长的教育方式不当以及家长自身的不良示范等是诱发校园欺凌的重要家庭因素。

三、学校原因

学校是校园欺凌发生的主要场所，理应受到关注。学校规则和校园风气会在一定程度上对学生的行为产生影响。因此如果一所学校经常性地发生欺凌行为，那么学生之间就容易相互模仿、相互影响，导致发生越来越多的欺凌行为。

在我国应试教育的大背景下，许多学校教师受"分数决定成败"思潮的影响，一味地只重视书本知识的传授却忽略了对学生心理、道德、法制方面的教育，使学生分不清欺凌与玩笑的区别；同时，由于学校缺乏健全的监督机制，导致校园欺凌多发生于学校中较为隐蔽的角落，很难被人发现。

从教师的层面进行分析，教师对待欺凌行为的态度及应对方式与欺凌行为的产生具有明显的相关性，教师在学生课余活动时间能否起到监督作用也会直接影响欺凌现象的发生。一般而言，教师对班级监督管理越严格，学生之间也越不容易出现欺凌行为。由此可见，校园欺凌的发生与学校氛围、教师态度、学校教育、学校管理等方面有着密切的关系。

四、社会原因

社会因素主要有社会不良风气的盛行、大众传媒的负面影响和相关法律法规的不完善三个方面。社会暴力文化氛围对学生的行为发展有着潜移默化的影响，当前社会上出现一些恃强凌弱等不良现象以及宣扬的少数以暴制暴的暴力解决方法，很容易使学生耳濡目染，学生会在不知不觉中萌生欺凌他人的想法。

就大众传媒的不良影响而言，从社会工作的角度入手，在深入考察儿童言语欺凌行为后发现现代信息社会中的各种网络游戏是诱使儿童产生言语欺凌的重要因素。现代社会新媒体的发展给人们带来便捷生活的同时也致使许多与暴力相关的视频、图片、游戏大量传播，在这样的环境中学生很容易被感染和同化，并且认为这样的暴力是合理的。另外，我国针对未成年人校园欺凌及暴力行为的惩戒力度不够也是导致校园欺凌频发的重要原因。由于我国当前法律对青少年的失范行为一贯坚持教育为主、惩罚为辅，缺乏威慑力，从而造成校园欺凌愈演愈烈。

第五节　校园欺凌问题研究的意义

学校本应该是学生学习知识、收获成长的阳光地带，但是近几年我国校园欺凌事件层出不穷、形势恶劣，且逐渐呈低龄化发展态势，甚至在小学中也发生了多起校园欺凌事件，这不仅影响了小学生正常的学习和生活，而且对他们的身心健康发展造成了严重的伤害。因此，加强对小学校园欺凌相关的研究，采取有效措施及时预防和治理校园欺凌问题显得刻不容缓。所以，本研究对于促进小学生的健康成长、降低校园安全风险等方面都具有重要的意义。

一、理论意义

近几年，我国关于校园欺凌的报道频现各大媒体平台，引发社会各界的广泛关注与讨论，校园欺凌一度成为学界研究的热点议题。学者们纷纷从各个角度出发深入考察了校园欺凌问题，相关理论成果也在不断丰富和完善。但目前对该问题的研究对象主要集中初高中阶段，较少关注小学阶段；研究内容也大都是围绕现状、成因以及对策三方面展开，在对策上往往是与成因相对应，都从宏观层面进行探讨，在学校、家庭、社会层面各提了一些建议，单独对某一层面进行深入分析的研究较少，涉及校园欺凌中学校德育层面的研究更是寥寥无几。

基于此背景，本研究主要运用观察法、访谈法等质性研究方法，结合关怀道德教育理论的相关理论性知识，从学校德育的视角出发，考察其与校园欺凌之间的内在关系，深入挖掘校园欺凌产生的深层次原因，发现学校在防治校园欺凌方面存在的问题及不足，并针对学校如何有效防治校园欺凌问题提出一些可行性的德育对策，从而为校园欺凌问题提供了新的研究视角，进一步丰富和充实相关理论。

二、实践意义

校园欺凌是许多国家和地区都普遍存在的社会问题，至今为止尚未得到有效解决。本研究采取访谈法、观察法等质性研究方法，选取欺凌个案进行深入探究，从而了解小学校园欺凌的现实情况，分析影响校园欺凌产生和发展的深层次原因，并结合学校德育工作，为学校有效防治校园欺凌事件提出相应的德育对策，因此有一定的实践意义。

一方面，有利于学校及教师对校园欺凌问题有更加全面的了解，提升对学生间欺凌事件的重视程度。虽然近几年有关校园欺凌的报道引发了社会各界的广泛关注，国家有关部门也纷纷颁布了一系列政策文件，以期望能使校园欺凌问题得到有效解决。但是由于多方面的原因目前仍有很多学校、教师及家长对校园欺凌认识不足，低估了校园欺凌的危害程度，一味地关注学生的学业成绩而忽视了学生的心理、思想及道德品质等方面出现的问题。因此，通过对校园欺凌原因的探究有助于使学校和教师正确认识校园欺凌问题，在注重学生学习的同时能够给予学生更多的关心和爱护，转变对校园欺凌的态度认知，重视学校德育工作的建设，提升学校及教师预防校园欺凌的意识与能力，并采取有效措施积极有效地防治校园欺凌行为。

另一方面，本研究通过聚焦校园欺凌中的学校德育层面，并探索防治小学校园欺凌的学校德育对策，有利于充分发挥学校德育的实效性，引导学生树立正确的世界观、人生观和价值观，让学生养成良好的行为习惯，及时纠正其认知偏差与行为偏差，这对于提升学生的整体道德素质水平，从源头上减少校园欺凌事件的发生以及维护校园的和谐稳定都具有一定的积极作用。

第六节　校园欺凌的德育策略

纵观目前国内对校园欺凌成因的相关研究，大都是从个体、家庭、学校、社会四个方面入手进行整体的论述，社会暴力文化的浸染、家长不合理的教育方式、学校监管设施不到位、法律法规的不健全等都可以被归结为导致校园欺凌发生的因素，即将欺凌者的行为视为大环境下诸多负面因素综合作用的结果。

在校园欺凌事件中，多数欺凌者将自身行为视为日常的玩笑与打闹，对受欺凌者所遭到的伤害不以为意甚至嗤之以鼻，反映了其道德认知的偏离与道德情感的冷漠，而这种情况在那些无动于衷的旁观者身上也体现得淋漓尽致。

现如今许多学生都是家里的"小宝贝"，在家中受尽了家人的宠爱，生活中习惯以自我为中心，缺乏关怀之心，不懂得如何关心、尊重他人，形成了自私自利的性格特点，共情能力薄弱。

还有部分欺凌者明知欺凌行为是错误的但还是选择去欺凌别人，仅仅是因为想获得周围伙伴的认可，这种明知故犯的心理特点也暴露出其道德意志的不坚定，道德行为易受同辈群体的影响。可以说，校园欺凌行为与学生个体道德观不完善具有一定的联系，而学校作为学生道德教育的主阵地，同时也是校园欺凌的高发场所，因此我们更应该把关注点放在与学生道德发展密切相关的学校德育工作上来。

伴随着近几年我国素质教育的大力推行，各大学校纷纷对本校德育工作进行改革，以此响应国家的号召，然而目前许多学校的德育工作现状依然不尽如人意。在应试教育的大背景下，社会及家长仍旧倾向于把升学率的高低作为评价一所学校优劣的唯一指标，各大学校关注的重点依旧是如何有效提高学生的成绩，而对学生成绩没有什么帮助的德育在不知不觉中被边缘化，对学生的道德教育仅限于一周一次的道德与法治课以及几次形式化的活动，难以发挥德育应有的实效性，"德育首位"成了停留在嘴边的空话，而这种"重智轻德"的现实情形往往导致很多学生的畸形成长，使学生们对于一些基本的生命安全知识、人际交往技巧等方面知之甚少。

在升学的重压下，教师们也通常是"以分取人"，成绩优秀的就是好学生，在生活学习上往往对其照顾有加，而那些成绩靠后的学生则不受教师待见，经常遭受教师的言语讽刺和冷眼相待，这种选择性地关怀本身就忽视了教育所具有的人文性和道德性，在无形之中为学生树立了负面榜样。长期以来，班上学生也受此影响，纷纷孤立、嘲笑甚至欺负那些所谓的"差生"，使其沦为欺凌中的受害者。

此外，当学生之间发生了欺凌事件时，学校及教师通常持着"能少一事是一事"的态度，没有采取积极有效的措施去干预制止，大都就只将肇事的学生严厉地批评惩罚一番即可，没有对其进行正确的道德引导，使其知道自身行为的错误性，对于受欺凌者，多数教师没有给予其耐心地安慰和抚恤，忽视了校园欺凌给其带来的心理伤害，这样一种惯常的处理方式缺乏人文关怀，很难使欺凌学生信服，还会造成部分学生产生逆反和排斥心理，致使欺凌事件的升级。

可见，学校德育工作中处处透露出其关怀道德性的匮乏，而这无疑是当今校园欺凌事件愈演愈烈的重要诱因。

第七章 小学班主任工作的德育效能

班主任是班级的组织者、管理者和指导者，是学生成长过程中非常重要的引路人和人生导师。在学校教育教学活动中，班主任工作对学生的影响最大，班主任不仅传授学科知识，还对学生的思想品质与道德行为产生导向、激励和规范效能，对学生的人格塑造也产生重要影响。但在现实教育中，由于受到各种因素的影响，班主任工作的德育效能未能充分实现，这不利于学生道德品质的发展，也影响学生全面成长成才。如何提升小学生班主任工作的德育效能是新时代小学德育工作的重要内容之一。

第一节 小学班主任工作德育效能分析

一、工作内涵

要厘清小学班主任工作的内涵，首先要对班主任工作职责的概念进行清晰明确的界定，这样才能对小学班主任工作的涵义有一个全面而又深刻的认识。

就班主任工作的职责而言，国内外专家学者也积极研究探讨过这一问题，前文已做详细论述，在此不重复赘述。根据学者们对班主任工作职责的界定，笔者认为班主任工作的职责主要集中在：

一是调查了解以及研究掌握班级每名学生的家庭情况、成长经历、思想品德、兴趣特长、性格特征、学业和身体状况等信息以及班级整体发展情况、班级各个团体以及班团干部的情况。

二是组织和培养班集体建设。选拔和培养班团干部，根据学校的规章制度与学生共同制定班级日常规章制度和确定班级整体奋斗目标。

三是促进教学活动的顺利开展。端正学生的学习态度，培养学生良好的学习习惯，关注学生的学习效果；做好自身学科教学的同时协调好其他任课老师的教学活动，全面提高学生的学习质量。

四是组织和指导学生开展诸如主题班会、社会实践、生产劳动等课外教育活动。

五是沟通协调各方面教育力量特别是要发挥家庭的作用，通过微信群、家访、家长会和家长开放日等方式与家长建立信息互通和联系，共同做好学生教育工作。

综上所述，小学班主任工作是指在小学阶段，班主任通过组建管理班级、教授学生功课、指导学生参与各项课外活动、建立与科任教师和学生家长的联系以及评定学生品行等一系列活动，以促进学生身心健康发展。

二、班主任工作德育效能的内涵

要理解小学班主任工作德育效能的内涵，首先要了解什么是德育效能。前文在界定效能时曾提到效能的概念主要起源于学校效能的研究，随后将效能应用到教育管理学研究的各个方面。教师效能是教师在特定的教学情境和辅导员的作用下，引导或促成学生及学习情境发挥其效能或作用，以达成或超出预期的教育产出目标的能力，将德育效能概括为通过德育活动对个体发展和社会发展所应起到的作用和影响与实际产生和出现的结果之间的有效性程度。

小学班主任工作作为学校德育实践的重要组成部分，它的效能自然也离不开"育人"。借鉴专家学者们对效能的理解，再结合小学班主任工作的内涵，笔者认为小学班主任工作的德育效能是指班主任通过各种教育活动培养和提高学生的思想政治品德素质所产生的功效和作用。

第二节　班主任工作德育效能的具体表现

一、价值导向方面

"导向"一词有两种意思，一是指引导方向；二是指使事物向某个方面发展。小学班主任工作的价值导向效能是指在工作中，班主任利用启发、动员、教育、监督、批评等方式，帮助小学生树立正确的人生目标和价值取向。在学习中对社会主义核心价值观产生情感上的认同，进而为形成社会需要的正确的价值观打下基础。

随着经济的全球化，受西方文化思潮的影响，人们的思想意识多样化，价值观念呈现多元化发展趋势。小学阶段是儿童人生观、价值观的建立初期，学生还没有形成完全独立的价值判断和选择能力，面对社会多元价值的诱惑，思想上没有防范意识。因此，小学班主任工作的价值导向效能不仅表现在正确引导学生的价值观和人生观，以形成自我激励和自我约束的能力，更重要的是它能有效地促进学生的道德概念和理念的生成，并促进具体的道德概念向知识性的道德概念转化，形成系统的由道德概念、范畴、命题所组成的道德知识体系和规范体系，从而使得学生能够对"道德价值作出正确、深刻、稳定的态度反应"。

小学班主任在工作中能够帮助学生澄清模糊的价值判断，纠正片面或错误的价值观，建构正确的价值观。生活在信息化社会当中，学生每天都会接收到不同的信息，他们在学习生活中会对身边的人和事有自己的思想观念和认识，由此形成自己的价值观念。由于自身思想不是很成熟，加之现阶段自制力不强，所以有时候也会受不良信息的影响，形成错误的思想观念和价值取向。

在这种情况下，班主任可以通过个别谈话的方式及时了解学生的想法，并对学生的某些错误思想严肃批评的同时加以引导。其次，班主任可以根据班级内部发展的情况，通过策划班会课，在班级内部形成良好的价值导向。另外，班主任可以通过组织实施与小学生心理结构和生活历程相适应的实践活动，让学生从实际生活出发，通过活动体验使他们对价值的认知转为价值信念，形成自身正确的价值观念。

二、精神激励方面

精神激励是管理学术语，就字面意思而言即为内在的激发和鼓励，具体是指利用外部刺激使人的积极性与创造性得以调动和激发。小学班主任工作的激励效能主要是指通过班主任工作，包括班主任的情感激励、榜样激励、奖惩激励等形式，调动学生的积极性、主动性和创造性，使学生不断形成内在驱动力，从而努力完成各项任务和促成各类目标的实现，提升其学业和发展。

具体而言，在情感激励方面，班主任首先要关心学生的学习生活，特别是要关注学生的精神需求和心理健康，让每一名学生都能感受到班主任的关心和爱护。特别是班级中诸如家庭经济困难、学业困难、人际交往困难等学生，班主任必须充分尊重和了解他们的情感需求，在关心关怀中获得学生的认可和接纳，形成融洽的师生关系和班级氛围，这样才能调动学生积极的情感。

在实施榜样激励的时候，班主任要善于发现能让学生产生共鸣且发生在身边的好人好事，同时在介绍榜样事迹时，要注重分析榜样之所以成功的路径和方法，注重细节和微小事件，让同学们感知到自己通过一定程度的努力也能赶超榜样，这样才能起到真正的教育效果。奖惩激励是指班主任能够及时地对学生日常正确或错误的行为进行褒奖、鼓励、批评或惩戒，唤起学生的进取心和羞耻心，激发学生学习与发展的动机和力量。

三、行为规范方面

"规范"一词既可解释为明文规定或约定俗成的标准，也指按照既定标准、规范的要求进行操作，使某一行为或活动达到或超越规定的标准。小学班主任工作的行为规范效能是指班主任按照道德、规章制度等，对学生的言谈举止和日常行为习惯进行教育引导，告知学生能做什么，不能做什么以及如何做，逐渐培养学生形成良好的道德品质和行为习惯。小学班主任工作的行为规范效能主要体现在以下方面：

一是班主任在班级建设管理中通过校园规章制度以及与学生共同制

定班级管理规定，即"班规"的教育和执行，以强化管理的方式约束和规范学生的学习生活、集体活动和日常习惯等方面，让学生能够懂得规则意识的重要性，进而内化为自身的道德品质。

二是班主任在班级建设管理中通过营造良好的班级文化氛围间接对学生进行道德规范。良好的班级文化氛围能够潜移默化地对班级每一名成员产生影响，无形之中有利于提高班级成员的凝聚力和向心力，激发和调动班级成员的积极性和主动性，启发和引导班级成员形成合乎规范的行为习惯和促进道德的发展。

四、人格方面

人格是指"个体在行为上的内部倾向，表现为个体适应环境时在能力、情绪、需要、动机、兴趣、态度、价值观、气质、性格和体质等方面的整合，是具有动力一致性和连续性的自我，是个体在社会化过程中形成的给人以特色的身心组织"。小学班主任工作的人格塑造效能是指通过班主任"心灵的呼应、精神的对话、人格的感召、心灵的滋润"循序渐进地帮助学生树立健康高尚的人格。人格塑造效能是基于价值导向、精神激励和行为规范效能基础上而提出的。

在教育中一切都应以教育者的人格为基础，因为只有人格才能影响人格，只有人格才能形成人格。

第三节　班主任德育效能工作存在的问题

一、价值观导向效能不足

在实际工作当中，班主任因为各种各样的因素影响忽视了理想信念教育和公民道德教育等德育内容，导致在学生价值认知出现偏差和价值辨别混乱之时，不能起到很好的导向作用，进而影响学生正确价值观念的形成。

二、德育方式单一

进行道德教育的一切手段，都必须与学生的思想、情感和行为联系起来。因此说服式教育，如果没有对学生的性格特征、思想状况、情绪等方面进行充分了解，对于学生来说很难产生情感共鸣，而交流过程中以班主任的"说服"和"说理"为主，把道德教育的过程仅仅看作是对学生施加外部道德影响的过程，而所施加的道德影响又主要是既定的道德规范，强调的是学生符合规范的行为习惯的养成的传统德育模式。这种不平等的交流方式让学生迫于班主任的威严而顺从，不能激发学生自我反思能力和道德判断能力。

加之当前正处于信息化时代，学生可以通过网络接收到大量信息，班主任所讲的道理、例子或传递的信息学生可能已经知晓，所以单纯采用说服教育不但达不到德育的预期目标，反而会引起学生反感，甚至产生抗拒和戒备心理。班主任工作的目的是使得学生能将品德需要内化于心外化于行，所以班主任应当根据学生的个性发展需要，根据学生的年龄特点，运用多种形式以发挥班主任工作的精神激励效能。

三、学生主体参与度不高

学生在班级规章制度制定上主体意识不强，参与度低，特别是有些班级学生干部还没有认识到自身在班级中的作用，也不在意自身在班级中的权利与义务。此外，通过与班主任访谈，笔者发现班主任认为小学生年龄比较小、思想不成熟，还不能承担起参与班级事务管理的重任，从而忽略了学生的主体地位。班级规章制度的这种制定方式，没有体现民主性和集体意识，势必会影响学生对制度的认同感，以此规范、约束、引导学生的行为也会大打折扣，严重削弱班主任工作的行为规范效能。

四、德育理念落后

虽然国家颁布的各级各类文件都在强调"立德树人，以德为先"，但是"重智育轻德育"的观念由来已久，短时间很难根除。

首先，学校工作仍然是以"智育"为中心，强调学生学业成绩和名次。班主任除了教授主要科目外，还要兼任思想品德课教学，德育队伍相当不健全。

其次，班主任自身对工作认识不足，重教学轻育人。班主任将学科教学视为自己的主业，而将其他工作视为"杂务琐事"，特别是部分副班主任将班级所有事务全权交给班主任，较少参与班级管理。

这样班主任工作的人格塑造效能在考试和各种测评中就失去了应有的成效，学生的性格、兴趣、爱好等方面的培养效果不佳。

第四节　影响班主任工作德育效能的原因

一、主观方面

（一）班主任自身德育效能不足

一是对学生思想状况、心理发展规律等方面深入研究不足，对学生的思想、品德、性格等仅仅停留在主观印象上，缺乏细微观察和长期追踪并进行学生个人档案记录。如果对学生不能进行全方位了解，那么班主任工作很难发挥其德育效能。

二是对自身工作重点理解有误。大部分班主任将自己工作的重心放在教学上，特别是年轻的班主任，他们为了能够站稳讲台，将大量的时间和精力都放在如何上好课和提高自己的教学水平上，而对自身班主任工作职责认识不清，将其等同于班级事务的管理者。在实际工作当中，也只是按照学校的要求做好班级的日常管理工作，比如每天早上进行常规性卫生晨检、清点学生到校人数等；主题班会的召开以及谈心谈话也是出于学生出现突发事件或者犯错的情况下才得以开展，很少去思考自身工作的德育效能如何以及通过怎样的途径才能得以提高。

（二）班主任缺乏工作热情

因为对工作缺乏热情和内在动力，班主任在工作中就会消极怠慢，不会深入挖掘自己的工作潜能、提升自己德育工作理念、创新德育工作方式方法。其次，班主任的这种消极情绪也会影响自身工作态度，有的班主任谈到"因为我是'被迫上岗'，加之教学任务很重，没有真正地坐下来思考自己班的学生是什么样的学生。"

小学生的向师性是最强的，他们处于好奇心和求知欲比较强的年龄阶段，在行为习惯上也比较喜欢模仿老师。因此，班主任的这种情绪和态度在不经意间带到班级当中也会影响班级同学，对学生的心理健康、品德等方面产生负面影响。

（三）班主任德育素质有待提升

教师的德育素质是教师的一种业务素质，是教师对德育实体的相应观念和操作能力的总括，德育素质是由教师的德育观念、德育责任心、具体德育目标的追求、德育因素的利用、德育途径方法的熟练运用、德育对象的了解、德育效果的评价、德育研究、德育理论修养等方面的科学认识和能力以及与此相应的德育理论修养所构成的。这些要素之间是一种相互制约的互补关系，是一个完整的结构。

当前，小学班主任的学历大部分是本科，部分班主任的学历还是中专或者大专水平，并且有很多不是思想政治专业毕业，专业理论知识储备不足，德育基础知识匮乏，不能很好地根据学生思想的特点和学生成长发展规律有针对性地开展工作，不能很好地将德育思想与学生实际生活融合在一起，不能很好地发挥工作的德育效能，促进学生全方面发展。

二、客观方面

（一）班主任考核机制不完善

班主任选拔聘用机制要求在选聘班主任时，应该通过竞争上岗、公开竞聘的方式，选拔思想政治素质过硬、专业能力突出、热爱班主任工作的教师担任。但是在现实中，主动自愿报名竞聘班主任岗位的教师非常少，所以学校领导只能以行政命令的形式确认班主任人选。加之学校教师人数相对少，全校80%以上的教师都要兼任班主任和副班主任职位，对班主任的知识能力素养等方面也没有过多的要求。

班主任的考核评价，一般是指对班主任现实工作中工作效能、职责履行的程度等情况做出判断的活动，目的是促进班主任完成班级工作的目标和提升班主任工作的德育效能，同时在考核评价当中发现问题和不足，对班主任予以批评并指正。考核结果作为教师聘任、奖励和职务晋升的重要依据。

此外，对班主任的评价没有进行量化评分，而是由学校校长和主管领导根据班主任所带班级每月班风、学风情况以及主观评价进行评比，评比的结果也不影响班主任工作绩效和研修晋升，只是用来选拔区级"优秀班主任"人选。相对而言，只要班主任不在乎评选，考核结果对其来说没有太大影响。如此，考核对班主任工作也起不到约束和激励作用。

（二）班主任相关保障机制不完善

班主任参加培训，原本应该是希望通过短时间内的课程学习能丰富自己的德专业知识、提升专业能力、解决平时工作中遇到的困惑或问题，从而有效促进班主任工作方式方法的改进和班主任工作能力的提高，进而提升班主任工作的德育影响力。

目前，学校既会选派班主任参加市级和区级组织的培训，镇一级也会引进教育机构对班主任进行"镇本"培训，而学校也会通过会议和班主任交流会进行"校本"培训。但是在与班主任访谈中了解到，大部分班主任表示目前学习培训过于频繁，且培训内容针对性不强，涉及班主任工作等业务能力提高、思想政治和职业素养、科研能力、教育理论知识、心理学知识等方面的培训非常少，更多的是工作模式的学习。比如有班主任参加"爱种子"教学模式的培训，因为形式和时间的安排不够合理，半天的培训时间也不能让其深入了解这种管理模式，培训只会让班主任课上觉得方式方法很好，但培训过后自己还不能应用到工作当中，培训效果不明显。

此外，班主任也反映"校本"培训也是名存实亡，比如班主任的交流会变成了学校领导的工作布置会。在谈到"班主任管理是否制度健全，应该如何改善"等问题时，很多班主任都希望学校能够定期召开班主任研讨会或工作会议，及时听取班主任工作意见，让其成为班主任一个沟通和学习的平台，让班主任畅谈工作中遇到的各种问题，相互交流共同商讨解决方案，促进班主任的德育成长。

（三）班主任师资力量不足

"上面千条线，下面一根针"是对班主任工作内容的形容，"两眼一睁，忙到熄灯"是对班主任工作状态的写照。班主任工作繁重和琐碎而且责任重大，访谈中一名班主任表示"作为学校的大队辅导员，兼任副班主任，同时还承担语文学科的任课。我既要完成学校大队部的日常工作，搞好每月的主题活动和特色活动，每日还要完成常规教学任务以及做好班主任工作。"

另外有时不少班主任还需要出外参加培训和学习，这样很难处理好各项工作，时间上也很难调控，所以经常要加班，每天都工作到很晚才能回去休息，有时时间分配不好，很怕会影响到教学和班主任工作的质量，因此非常焦虑，心理需要疏导。此外，笔者还了解到不少学校没有专门的德育教师教授思想品德课程，一般是由班主任兼任。也有班主任反映"因为是农村小学，加之学校地理位置相对市中心而言比较偏远，交通不是很便利，难以吸引优秀教师"。

（四）班主任与家长沟通力度不够

家庭是人生的第一所学校，家长是孩子的第一任老师，要给孩子讲好人生第一课，帮助孩子扣好人生第一粒扣子。但是在现实生活中很多家长在学生的道德品质养成、个性发展等方面不能起到积极作用。部分家长因为工作太忙没办法兼顾孩子，还有部分家长认为将孩子放到学校有人看管就可以了，将老师当作保姆看待，自己却不关心孩子在校的表现。班级中还有一部分家长常年外出务工，学生只能留在家里交给爷爷奶奶照看。这样使得班主任不能及时有效地与家长沟通，无法将学生在校情况第一时间反馈给家长，当学生出现问题时，家长也不能及时予以配合。

第五节 提升班主任工作德育效能的建议

鉴于影响班主任工作的德育功能效能的原因是多方面、多角度的，要从根本上解决问题、提升班主任工作的德育效能，需要多方共同努力。

本章将从班主任自身、学校管理、家校联合三个维度开展对策研究。

一、班主任自身方面

(一) 调整工作重心

班主任工作有助于学生形成良好的思想道德品质，能够对学生学习生活予以正确的指导，引导学生构建积极情感，也为学生在价值观的形成上提供引导和规范，帮助学生抵御经济文化全球化发展引起的各种不良思潮，指导学生进行价值实践行为，最终促使学生的健康全面发展和综合素质提高。目前，班主任的工作重心主要放在学科教学和学生日常行为管理方面，工作形式也比较单一，还没能通过班干部的培养、主题班会、心理健康教育、社会实践等其他多种方式对学生进行价值引领、精神激励以及人格塑造。

因此，班主任要根据实际情况调整工作重心，充分认识和挖掘自身工作的德育效能，关注学生正确价值观、人生观和良好思想品德的形成和发展，找准工作的重点和切入点，以选拔和培养好班级干部，加强班集体的建设和管理，以主题班会促进学生人格培养和个性发展，在社会实践活动中培养学生健康的心理、高尚的精神、良好的情绪等，通过班主任工作引领学生全面自觉成长。

1. 培养班干部

班级事务琐碎且繁杂，单靠班主任一个人的力量进行班级管理显然是不够的，所以必须组建班干部队伍协助班主任。但通过调查，笔者发现部分班主任不是很重视班级干部的作用，存在班级干部不清楚班级规章制度、与班主任沟通联系少，对班主任不认可等问题。所以在班干部的选拔和培养上，班主任要注意：

一是在班干部的选拔上，班主任要充分了解班级同学的性格特点、能力、特长等，采用公开推荐和学生自荐相结合的方式，以公开竞聘、学生民主投票的方式进行干部竞选。在竞选前，要对每位参加竞选的同学说明班干部的权利和义务，并明确选举程序。

二是要注意过程化培养。

首先，要注重引导班委干部工作有章可循。在日常工作中，通过班干部会议、单独面谈等途径组织班干部学习学校规章制度以及班级规章制度等相关管理规定。

其次，持续关注班委班级管理工作中的情况，根据具体问题有针对性地进行引导，并对工作中遇到的问题具体指导，对于他们工作中产生的情绪或其他问题及时处理。

再次，以目标引领团队建设和管理。每学期开学初要召开班委会议，明确每一位干部的使命和任务，比如班长要充当好班级"小班主任"的角色，学习委员要负责抓好班级同学学业特别是学业困难学生的帮扶工作，生活委员重点关注每一位同学的阶段性情绪、人际关系、精神状态等详细情况等，让班委成为班主任和同学之间有效沟通的桥梁。

最后，定期组织班级干部进行经验交流。一段时间的班级管理工作结束后，班委们都会积累一些自己责任范围工作的相关经验，引导班委总结自己工作的经验教训，同时将他们的好经验加以推广。

2. 利用好班会和实践活动

主题班会是班主任进行集中教育最有效的形式之一，是班主任有意识、有组织、有计划地实施德育的重要载体。主题班会要将班主任的主导性和学生主体参与的主动性结合起来，通过丰富且符合学生实际的主题内容，采用多种形式开展。只有学生把教育看成是自己的需要而乐于接受时，才能取得最佳的教育效果。

因此，班主任要改变就集体问题或者学校每月主题任务而开展班会的思想，应该立足于学生的实际确定班会的主题，引导学生共同查找资料，为班会做准备。在班会过程中，充分调动学生的积极性和主动性，让学生在活动中提升道德认识和道德情感，逐步建立起自己的价值观和思想品德。

班主任在重视主题班会的基础上，还应重视社会实践活动的德育效能。通过开展丰富多彩的实践活动，引导学生将所学的道德知识应用于实际当中，并产生相应的道德情感，然后内化为学生的价值观，同时也可以转化为学生的道德行为，增强学生的道德品质。

如果缺乏社会实践活动，学生也就无法体验和产生道德情感，这样学生的道德认识也就无法转化为道德行为，最终无法形成学生的道德品质。情感是道德信念、原则性以及精神力量的核心和血肉，没有情感，道德就会变成枯燥无味的空话。

只有在情感活动中，学生的道德认识才能深深地根植在他的精神世界里，成为他自己的观点，并在他的言行举止、待人接物等方面表现出来，从而形成坚定的道德信念和高尚的道德行为。因此，班主任要根据学校的教学安排和学生的实际需要组织学生开展社会实践活动，如参观访问、社会调查、支援服务等活动，培养学生理论联系实际的能力，以及在潜移默化中做好学生的思想教育工作。

（二）班主任提升自身素养

1. 强化师德建设

师德是指"教师的个人品德与职业道德的总和"。班主任师德建设主要体现在班主任在工作中要必须遵守道德规范和行为准则，并依靠自我教育、自我锤炼不断追求和完善自己的职业理想，提高自身职业作风，恪守自身职业良心。

首先，班主任要坚持正确的政治方向，树立正确的价值观、人生观和学生观，特别是在学生观方面，要去除传统意义上"学习成绩好且听话的学生就是好学生、反之则是差生"的观念，要一视同仁，相信他们都是可以教育好的。

其次，班主任要不断学习和反思，努力将师德考核标准进行细化，以此约束自己养成良好的师德行为习惯。

最后，班主任要自觉培养责任意识，应当认识到自身作为班主任的责任感和使命感，积极思考如何在工作中最大限度地发挥德育效能，在工作当中不断提高个人道德认识、道德情感和道德意志。

2. 强化德育理念提升

德育理念是德育的根本指导思想，提升德育理念是德育深层次改革的需要，是德育改革的最高境界。当前不少班主任的德育理念还比较落后，不能根据工作情况创造性地运用多种形式开展工作，仅停留在说服式工作方法上。

因此，班主任应该不断自觉提升德育理念，如从自己的主导地位开展工作转变为以学生为主体，关注学生思想观念、道德品质等方面的发展作为工作的出发点和落脚点，深入学生内部，从学生实际情况出发，有针对性地开展工作，使学生树立与社会主义核心价值相适应的道德观念和思想素质，同时培养学生自我教育和道德选择的能力，激发学生的学习兴趣，培养学生的道德素养，提升学生的道德水平。

3. 班主任提升德育素养与能力

德育知识是指班主任在工作当中所具备的德育知识结构及水平。当前由于不少班主任上岗没有经过严格的考核和培训，一些班主任德育知识体系不健全，有关管理学、教育学、心理学等理论知识欠缺，故而对于学生思维动态、行为习惯等方面只能从浅层次进行分析，不能从深层次进行充分认识和研究，难以针对学生思想规律和成长阶段等方面实施行之有效的干预和引导。班主任一定要认识到自身学识对于工作德育效能实现的影响，自觉加强德育专业知识的学习，不断学习，充实自我，使自己的学识不断丰富，从而潜移默化地影响学生的学习和思维模式。

班主任在进行德育知识扩充的同时还要提高自身的德育能力。班主任德育能力是指班主任根据自己的德育知识以及育人经验引导学生思想品德发展的能力，包含认识方面的能力和实践操作方面的能力。

当前班主任德育能力有所欠缺，不能正确把握学生德育发展规律，对德育内容认识存在偏差，对学生德育信息的搜集和处理也不完善。班主任要在工作当中进行自我反思，以解决工作当中的实际问题为主要目的，不断学习，提升组织能力、指导能力、交往能力、整合资源能力、自我调控能力、科研能力、规避育人风险能力等。

二、学校管理方面

(一) 健全班主任工作规范制度

目前，学校对班主任上岗的知识、能力等方面没有明确要求，对班主任工作也缺乏制度管理。因此在学校管理方面，学校行政领导应该根据相关教育法律法规，从学校实际出发，建立班主任聘任制度和班主任工作规范制度，形成班主任管理制度性指导原则。

1. 健全班主任聘用制度

班主任是实行学校德育的中坚力量，是学校各项德育政策和目标实现的传输者和落实者。班主任的水平对学校的教育教学有着重要作用，因此必须根据班主任岗位标准和条件，建立班主任聘任制度。

在班主任选聘当中首先要将个人的政治修养和品德能力放在首位，要选拔政治思想好、业务能力强，有强烈的事业心、责任感和奉献精神，有志于从事班主任工作的人才。其次，要根据教师的年龄、专业、经验和教学任务量等方面合理选拔班主任。最后，在班主任选聘过程中，要尊重教师的个人意愿，遵循双向选择的原则，通过层层选拔，聘任一些富有班级管理经验、热爱学生、充满生机和活力的教师担任班主任工作。

2. 健全工作规范制度

目前，学校虽然有正、副班主任的分工安排，但是没有统一的标准要求，也没有进行具体的方法指导，导致班主任工作的德育效能不能得以充分实现。因此必须建立班主任工作规范制度，明确班主任的工作范围、职责和知识技能，让班主任工作有章可循、有规可依，指导班主任合理、合法地开展工作，从而提高工作的实效性，提升其德育效能。

（二）完善工作评价制度

目前，学校对班主任的考核与其他非德育教师的标准一样，主要采取师德师风的考核，没有对班主任进行单独评价考核，这显然是不科学的，也不能为班主任工作很好地起到改进与规范的作用，一定程度上挫伤了班主任工作的积极性。

因此，学校要以尊重、关怀班主任和促进班主任发展为出发点，依据班主任所带班级学生思想品德纵向发展轨迹和品德课程的实施情况建立过程性评价。此外，学校要建立科学、全面的评价标准，将班主任的个人修养、育人效果、师德作为衡量班主任工作的重要内容，而不是单纯依据班主任所带班级的学风、卫生等阶段性情况论高低。学校依据评价标准，对班主任工作给予全面评价，并将评价的结果作为班主任晋职、评优的重要依据。

（三）优化激励制度

现在很多班主任表示其实不管工作做得怎么样，在薪酬方面是得不到任何体现的，只能说班主任工作成了一种良心活，时间一久就会打击一部分班主任的工作主动性。班主任除了常规教授学科类课程，还要兼任班级管理工作和承担德育课程，而且现阶段教学和管理越来越精细化，责任也变得越来越重，学生越来越难管理，无形中给班主任工作带来一定压力。班主任普遍反映付出与回报不对等、待遇不合理、个人成就感和幸福指数偏低，这使得一些班主任表示不愿意从事班主任工作或者有时因为精力有限或职业倦怠而消极怠工。

因此，学校管理人员要主动并及时了解班主任的工作状态，安抚他们的情绪，并进行多种形式的调研，研究讨论制定出公平、合理、科学的激励制度，激发班主任工作的积极性，激发其职业幸福感，从而改善班主任工作态度，以提升班主任工作的德育效能。

（四）实施班主任培训制度

班主任参与校外培训的人员比较少，受益面比较窄，且多数班主任反映校外培训有时时间短、效果不佳，某些时候还影响校内工作。因此，作为自主、灵活且经济实惠的校本培训就成为最佳选择。不过目前学校实行的校本培训多局限于班主任工作的经验交流，缺乏系统理论指导和专业性，具有随意性和不规范性等缺点，而且组织班主任校本培训的力度不大。虽然也有开展"结对子"帮扶培训，但是因为学校没有相关制度进行保障也就流于形式。因此学校在开展班主任校本培训时，要做到以下几点：

第一，要结合班主任工作所需，找准目前班主任工作中的薄弱之处进行系统的规划培训，特别是要加强新任班主任常规培训，以加强班级管理理论知识、德育理论与实践、人际交往沟通技巧、小学生身心发展与成长规律、突发事件的处理等相关内容作为培训的重点内容。在培训形式上，要为担任不同年级、不同风格的班主任设计不同层次的培训，如新任班主任可以参与上岗培训，有丰富工作经验的年长班主任则可以参加骨干培训等。

第二，学校要鼓励班主任参与各种形式的培训学习和研究，并合理安排班主任的培训时间，通过校内外专家讲座、主题研讨课、班主任例会、班主任导师制、沙龙和联谊会等方式，为班主任打造适合能力提升需求的校本培训课程。

三、家校联合方面

随着时代的发展，越来越多的家长意识到孩子的教育不能仅仅依靠学校教育，还需要自身与班主任进行沟通和合作，家庭教育和学校教育有效结合才能促进学生身心健康发展。

（一）多方面开拓沟通渠道

目前，班主任与家长的沟通方式多以家长微信群和电话联系为主，但由于家长工作繁忙和主观上不愿与班主任进行沟通，导致沟通欠缺。所以班主任要积极寻求多种方式与家长保持联系，如通过学生联系家长，利用学生与家长进行沟通联系，以便让家长和学生对班主任产生信任。其次，班主任可以通过家访或者家长会的形式当面交流，向家长详细介绍学生在校的表现，让家长感知到班主任工作的用心和细心以及对学生的关爱，取得家长的信任和尊重，为今后的交流奠定基础。

（二）提高沟通效率

班主任要及时了解和掌握学生在身心健康、安全和学习等方面的信息，如果发现学生有异常行为或出现一些问题时，要及时与家长进行沟通，并在沟通过程中客观描述学生存在的问题，不能过于夸张或者将个人情绪夹杂在里面，让家长意识到问题的严重性但又不会过于紧张着急。沟通的目的是激发家长的责任心以及对孩子的关爱之心，让家长有意识地与班主任一起关注学生，帮助学生解决问题。

（三）转变沟通理念

在很多家长和学生看来，班主任与家长沟通主要是反映学生的问题，所以导致很多学生很怕班主任联系家长，家长也很担心接到班主任的电话或信息。所以在班主任在与家长沟通时，不仅仅是因为学生出现问题才联系，还应该经常就学生的成长进步与家长交流，让家长及时了解学生在校的情况，不单单是问题的反映还应该及时反馈学生表现好的一方面，让每一位家长都参与到班主任日常管理当中，从而建立起长期而又稳定的家校联动。

我国小学德育的根本目标是培养学生初步具有爱祖国、爱人民、爱劳动、爱科学、爱社会主义的思想感情和良好品德，能够养成遵守社会公德、严于律己、宽以待人的良好品德行为习惯，为成为德、智、体、美、劳全面发展的社会主义事业的建设者和接班人打下基础。

虽然一直强调"三全育人"理念，但实际上班主任仍然是学校德育工作的主力军和骨干力量。目前，青少年道德出现滑坡，犯罪年龄渐趋低龄化，如何通过班主任工作以帮助学生初步树立正确的人生观、价值观，培养学生成为一个有道德的人是目前亟待解决的难题，这就需要对班主任工作的德育效能问题不断进行深入研究。

第八章　培养小学生自我管理能力

学校要帮助学生发展正向性格，必须培养学生面对未来挑战所需要的自我管理能力，启动学生的自我管理系统显得尤为重要。未来的学校教育必须把教育者的对象变成自我教育的主体，受教育的人必须成为教育他自己的人，别人的教育必须成为自我的教育。联合国教科文组织《学会生存：教育世界的今天和明天》当中的这段话告诉我们，教育的最终目的是受教育者的自我教育和自主管理。

当前学校的教育大多只传授给学生知识和技能，老师和家长过多关注考试的成绩，却忽略了学生人格的培养，特别是忽略了学生自我教育和自我管理能力的培养。在当前这个知识信息化的时代，学生单凭课堂上教授的知识是远远不够的，社会发展日新月异，还要不断学习新的技能和新的知识，这就要求学生要具备很强的自我教育和自我管理能力，才能够不断学习进步，才能不被社会淘汰。当前学生要面对多渠道多方面的信息，有时甚至要面对学习生活中的诸多诱惑，缺乏自我调控、自我控制能力的学生将很难取得长足的发展。因此，学校要把培养小学生的自我管理能力作为重要的工作来开展。

第一节　相关概念解释

一、班会课

班会课是指"在班主任的指导下，根据学校教育计划或根据客观需要为解决本班某一重要问题而进行的班会课程"，这是出自《中国中学教学百科全书教育卷》的解析，从这可以看出班会课在学校的德育教育中有非常重要的作用。班会课是班主任对学生的人格发展进行正向引导的重要途径。班会课的形式是多种多样的，其中，内容形式符合学生身心发展特点的班会课普遍受到老师和学生的欢迎。

班会课是指在班主任的指导下，由班委会成员组织全班同学一起参与，就某一问题进行集体探讨并形成统一观念的课程。班会课能够调动班集体的力量，可以充分调动学生学习的自主性，让学生的自我管理能力得到提升，班主任老师在班会课中起到引导的作用，可以增进师生间的情感交流。所以说，班会课是每个班级必不可少的交流课程。基于培养学生自我管理能力的班会课，就是提倡班会课课堂要以学生为主体，老师负责引导，切实提升学生的自我管理能力。

班会课是德育的主要阵地。德育制约着学生发展的方向。传统的道德观念往往只强调德育的社会功能而忽视德育在个体发展中的作用，没有把为社会服务、为国家服务同人的自我完善和个人幸福很好地统一起来，没有把人的社会化和个性化很好地结合起来。

所以，我们应该高度重视德育的育人功能和德育在促进个性充分、自由发展方向的价值。个体的发展表现在许多方面，德育对个体发展的作用主要表现在完美个性的塑造上。

班会课作为学校教育的重要组成部分，德育正是通过形成一定的思想品德品质来制约学生发展方向的，因此小学德育教育显得尤为重要。通过将近十年的探索研究发现，班会课是学校德育的主要阵地，当前学校班会课要么变成自习课，要么成为班主任进行道德纪律说教的时机，学生只有低头倾听的义务。班级很少自主开展具有班级特色的活动，所开展的活动基本上是由上级统一安排的。

在这样的管理模式下，学生的个性难以得到张扬，学生的社会能力难以得到锻炼，班级生活本身的教育功能更是得不到发挥。因此，我们迫切需要改变。班级文化建设作为班级管理的一个载体，包含了物质文化、精神文化、制度文化、行为文化等方面建设，让学生在班级文化建设中发挥主体性作用，由学生自主管理班级文化、决定班级事务、订立班级公约、开展活动，给他们以较大的自主权和较多的选择机会，以此来培养学生自我管理的能力。

二、自我管理能力

自我管理能力概括来说，是指在没有他人监督的情况下，学生能够自己管理自己。具体而言，学生自我管理是指自己能够管理自己的一个过程，不需要别人提醒，能够自觉遵守学校规则、制度，能够自己管理好自己的情绪，做好情绪控制，在学习和生活中能够做到自我计划和自我主动。在这个过程中，学生会不断地调整自己的行为，提升对自我的认识，加强对自我的教育。

根据小学生身心发展的特点，遵循教育的基本规律，在班级活动中，充分发挥学生的自主权，以达到培养学生自我管理能力的目的。自我管理包括群体的自主管理和个体的自我教育两个方面，小学生自我管理能力主要包括四个部分、十二个方面，自我管理意识包括提升自我教育的能力、掌握自我管理意识的方法、培养自我管理的积极性；自我计划包括自我时间管理能力、自我角色认识能力、自我目标管理能力；自我控制包括自我情绪管理能力、自我心态管理能力、自我心智管理能力；自我主动包括自我形象管理能力、自我行为管理能力、自我学习管理能力。

开展班会课和培养学生的自我管理能力是班主任工作中的重要部分，但是目前我国对班会课与培养小学生自我管理能力的联系之间的研究却比较少，本研究正是从建设新型班会课着手，立足于生命自觉意识培养，促进学生自我管理自我教育。

第二节　培养小学生自我管理能力的意义

一、德育工作的重要性

德育是学校的重要工作，特别是在小学阶段，良好的道德是学生取得成功的关键因素。小学在学校的教育中有着特殊的地位。印度有句格言：播种行为，收获习惯；播种习惯，收获性格；播种性格，收获命运。小学阶段是孩子的价值观、人生观正在形成的时期，孩子具有较强的可塑性，在这一时期如果及时进行道德教育能够收到很好的效果。鲁迅先生说过："谁塑造了孩子，谁就塑造了未来。不仅是自己的未来，还有孩子的未来，民族的未来。"小学阶段是人一生当中智力与能力的启蒙阶段，也是培养学生良好品格的重要时段，因此学校和教师应该抓住这个阶段，对小学生进行积极的引导。

培养小学生自我管理能力的重要现实意义：

首先，从小学生的身心发展特点来看，小学生已经成为一个"小大人"了，他们已经有自己的想法，但是生活阅历的缺乏，在学习和生活方面，小学生急需家长、老师的引导才能沿着正确的方向发展，因此，培养小学生的自我管理能力非常必要。

其次，现代社会的快速发展要求学生要具备自我管理的能力，只有这样才能在社会中不断奋进，实现自我教育才能跟上时代的步伐。

再次，作为学习的主体也要求小学生要学会自我管理。

最后，培养小学生自我管理能力是教育发展的基本要求。学生必须学会主动学习，真正意义上的学习才能发生。苏霍姆林斯基认为，"真正的教育"是"促进自我教育的教育"，只有学会自我教育、自我管理的人，才能在社会之中得到长远的发展。

二、培养自我管理能力的意义

班会课的教学资源具有开放性和生成性的特点，正是因为班会课的这种资源优势，所以利用班会课课程来培养小学生的自我管理能力具备可行性。培养学生的自我管理能力能使学生从自主到自立，可以促进学生不断提升自身综合能力，促进整个学校的发展。当然，学生自主管理教育并非把学生放任自流，而是要发挥老师的引导功能，这就要求老师要改变观念，在班会课上给予学生充分的民主与自由，但是也要在恰当的时候引导学生，促进学生朝着正面的方向发展。

　　培养小学生的自我管理能力有利于更好地实现学校的教育理念。人的一生是一个不断发展的过程，在学生小学阶段，我们不仅要教给他们学科知识，更重要的是要教给他们学习方法和独立思考的能力。"一个有生命自觉意识的人，一定是能主动设计自我、把握自身生命发展主动权的人"。笔者基于培养小学生自我管理能力的班会课建设研究，也是为了更好地实现学校的这一教育理念。

第三节　培养自我管理能力存在的问题

　　行为习惯和自律性有待加强。小学生的人格培养需要加强，因为他们兴趣爱好比较广泛，容易对事物产生好奇心，容易被他人观点左右，甚至容易产生逆反心理，急需家长、老师的引导，大部分学生思维活跃，课堂表现也不错，上课和老师配合得不错，但是如果课后没有自主复习以及课后的反馈巩固，学习只是浮于表面，没有自我主动学习，难以完全掌握知识，主要表现在学习纪律上缺乏自我管理能力，自我约束能力较弱，自我控制能力缺乏，在行为习惯上比较随意，在行动上比较自由，在纪律上相对散漫。

　　大部分学生缺乏自我管理能力，表现在缺乏有效的学习方法，在认知策略、记忆策略、知识的迁移等表现较弱。很多学生由于学习习惯不良、学习方法落后使得学习效果不佳、学习目标难以达到，学习信心发生动摇，自然就会产生"自己不是读书的料"的感慨。久而久之，随着学习难度的加深，就会打退堂鼓。部分学生努力了一段时间，但是没有看到成效，缺乏足够的成就感，也会放弃。这些都是小学生自我管理能力缺失的表现。

第四节　小学生自我管理能力的影响因素

一、家庭方面

家庭教育与引导对小学生自我管理能力的培养非常重要。的确，在上小学之前，孩子性格的养成跟家长的教导方式息息相关，家长的教育观念会影响孩子自我管理能力的培养。许多家长认为成绩好、考上好学校才是最重要的，忽视了小学生自我管理能力的培养，这在很大程度上限制了孩子自我管理能力的培养。

当今教育的现状缺乏的恰恰是家庭的教育和引导，要培养孩子的自我管理力，家长的因素非常重要，孩子的自我管理能力其中的"自我"和"管理"都很重要。当今家长对孩子过分溺爱，不懂得放手让孩子自己去发展，家长事事包办导致学生自我管理能力的缺失。

自古以来，中国父母非常重视子女的"管理"，这就意味着要为子女制定规则和严格要求，没有自我发展自我教育的家庭氛围，孩子做事会缺乏主见。

也有一些父母走向另一个极端，只强调"自我"，给孩子过分的自由。他们认为，只要自由孩子就能发展得好，如果只强调"管理纪律"，很容易让孩子不快乐和叛逆。同时，由于父母主动，孩子被动，孩子在父母的监督和控制下做事情，因此，孩子们恰恰失去了学习自律和学习自我管理技能的机会。

二、学生方面

小学生的自我意识在不断发展，自我评价的能力也有所增长。随着年龄和见识的增长，他们已不再完全依靠教师的评价评估自己，而是能够把自己与别人的行为加以对照，独立地做出评价。因而在小学阶段进行有效的教育，使学生形成良好的性格是非常重要的。小学生的身体各器官、系统都生长发育得很快，他们精力旺盛、活泼好动，但同时因为他们的自制力还不强、意志力较差，所以遇事很容易冲动。意志活动的自觉性和持久性都比较差，在完成某一任务时，常是靠外部的压力，而不是靠自觉的行动，导致小学生的自我管理能力比较欠缺。

三、学校方面

（一）学校管理制度的影响

在应试教育体制下，小学教学课堂过分依赖现成的结论，忽视了思维能力的培养，导致学生自我计划、自我调控、自我主动能力的缺失。由于各种因素的影响，目前的学校教育仍然只注重应试教育。

因此，管理方面也存在很多偏差，强调分数水平，忽视能力培养，偶尔开展活动也是全凭教师自己安排，学校也很少开展由学生自己组织的活动，学生更容易受到负面限制，这种客观的情况压制了学生的主动性，导致学生产生依赖的心理，学生缺乏自我教育自我管理的能力。因此，加强小学生的自我管理是学校管理亟待解决的问题，这是培养新型人才的要求，也是时代的要求。

（二）学校的课程设置

夸美纽斯在《大教学论》中提出集体授课的形式以来，中国大部分的学校都采取了大班集中授课的形式。

（三）教师素质的影响

在小学阶段，班主任负责小学生学习的各个方面，教师特别是班主任的素养就显得尤为重要。班主任的工作方式方法对小学生自我管理能力的培养有重要的影响。班主任自身的专业素养会直接影响小学生自我计划、自我调控、自我主动等能力的培养。

有部分老师的班级管理过于严格，班级的大小事务全部由班主任全权负责，这种过度关爱的"保姆式"管理模式会造成学生过度依赖老师，特别是在班会课上，老师仅仅是要求学生按照学校的条条框框等规章制度来执行，难免导致学生自我管理能力的缺失。在当前的小学教育中，必须转变观念，特别是在班会课的教学中，一定要做出改变，把学习的主动权交给学生，促进学生自主意识的培养。

四、社会方面

社会环境对小学生的引导不够也是导致小学生自我管理能力缺失的原因。比如当今网络媒体发达，但是对于如何正确使用互联网却没有明确的机构来指导小学生，小学生普遍缺乏自制力，缺乏自控能力，更加导致部分学生因沉迷网络游戏而耽误了学业。

通过小学生的自我管理能力现状调查分析，我们发现影响小学生自我管理能力培养的因素是多方面的，课堂教学特别是班会课的内容与形式对小学生自我管理能力的培养影响比较深远。

第九章　新型班会课

第一节　建设新型班会课

一、新型班会课分析

新型班会课形成了"一条主线""多元主题"和"开放拓展"的基本思路："一条主线"是指通过班会课的实施来培养小学生的自我管理能力；"多元主题"根据自我管理能力的四个部分划分来确定班会课的课堂内容；"开放拓展"是指根据小学生身心发展的特点、社会发展的需求和教育改革的要求，不断优化课程结构完善课程内容，新型班会课就是在不断实践中不断归纳总结。

从课程理论的原理出发，培养学生自我管理能力的班会课包括六个步骤，即选择材料、学情分析、教学目标、教学准备、教学过程、课后实践，在教材的选择上就要从培养小学生自我管理能力的目标出发，新型班会课课程的实践按照培养小学生自我管理能力四个部分的内容即自我管理意识、自我计划、自我控制和自我主动的内容进行，而这四个部分犹如一个圆形的循环，它们之间相互渗透相互促进。

在自我主动能力的培养上，首先培养学生自我形象的管理能力，同学们在班会课上总结出了学生要注意自己的仪容仪表：面必净，发必理，衣必整，纽必结。头容正，肩容平，胸容宽，背容直。自我行为的管理方面要做到：勿傲，勿暴，勿怠；宜和，宜静，宜庄。

新型班会课开展之后，学生精气神有了显著的提升。班级开展班会课的实践中笔者发现自我管理意识能够促进自我计划、自我控制、自我主动能力的提升，反之，自我计划、自我控制、自我主动能力的提升也会促进小学生自我管理意识的不断深化，因此小学生我管理的四个部分也是在班会课的实践当中不断更新，促使小学生自我管理能力的不断提升。

二、选择材料

选择合适的内容对开展顺利新型的班会课非常重要。班会课的目标是要培养小学生的自我管理能力，笔者认为材料的选择应当从学生当中取材，从身边事例出发，更能引起学生的共鸣，站在培养学生自我管理管理的角度出发来选择班会课的主题，从课程内容当中依据学生的发展特点来选择。

当然这些班会课的主题不是孤立存在的，它们之间有相互交叉的方面，相互补充，共同促进学生自我管理能力的提升。建构主义认为，学习是学习者在已有知识经验基础上，在特定的社会文化环境中，主动加工处理新信息、建构知识的过程。学习者并不是被动的信息吸收者和刺激接受者，相反，学习者要主动地建构信息的内容，这种建构无法由其他人代替，学习者要对外部信息做主动的选择和加工；学习者们也不是由教师统一引导，完成相同的加工活动，而是要在教师和他人的协助下，才建构起对现实世界的意义。

三、学情分析

学情分析是对学生在学习方面的特点、学习方法怎样、习惯怎样、兴趣如何进行分析。学生是学习的主体，分析学生自我管理能力的现状，着重分析学生的自我管理意识，了解学生的起始能力、已形成的背景知识以及不同年龄段学生的思维特点，关注学生自我调控、自我计划、自我主动的能力，把握班会课课程教育的侧重点。

在小学生追求梦想的过程当中，起初会经受各种各样的诱惑，学生没有做完作业就去玩、作业不能自主完成、不愿意深度思考，这种自我控制能力缺失的表现经常发生，这些行为都不利于小学生的长远发展，因此小学生自我管理能力的培养显得尤为重要。

针对小学生缺乏自我管理意识，盲目从众，部分学生看到同学骂人而跟着骂人，看到同学随意丢垃圾而跟着丢垃圾等都是从众心理。从众作为一种普遍的社会心理现象，小学生身心发展尚不完善，小学生也缺乏知识与经验，小学生缺乏判断是非的能力，从众对小学生来说消极作用非常明显，也不利于学生自我管理能力的培养。

"凡事预则立，不预则废"。小学生对时间的安排比较茫然，大部分缺乏时间管理的能力，主要是因为不知道要先做什么再做什么，没有时间的紧迫感，当下家庭教育与学校教育中，家长和老师代替孩子做事情准备的情况比较普遍，比如孩子在旅行出发前家长在帮忙张罗，大到衣物整理，小到牙膏牙刷。学生考试之前，都是老师在绞尽脑汁备考，在这种环境之下，小学生缺乏主动做事的能力，不懂得未雨绸缪，不懂得

"立"与"废"之间的利害关系，所以培养小学生有效安排时间，对小学生的成长来说非常必要。

要培养小学生自我调控的能力，就是要做到自觉自律，自觉就是主动地做自己应该做的事情。比如说，今天我自觉地做了作业，没有拖欠。自律就是克制自己，不该做的事情不能做。

小学生最重要的任务是按时完成作业，但是部分同学作业拖拉或者欠交是常有的现象，主要是部分学生无法意识到究竟作业是为谁而做，那么做作业的意义在哪里呢？班会课上同学们一步一步分析，原来做作业有重要的意义：巩固所学的知识，深化知识，为下一步学习打下基础。那么做作业时要注意哪些问题？作业要求做到：要专心致志；要在一定的时间内完成，不能拖拖拉拉；要保证作业的质量。通过班会课的交流谈论，大家都明白了一个道理：做作业，不是为父母做，也不是为老师做，更不是为别人而做，而是为自己而做的。明确了作业是为自己而做，学生学习的主动性有了明显的提升。

四、教学目标

结合选择的材料和学情分析，根据学生自我管理能力的实际情况来确定具体的教学目标。

养成和践行"自我管理意识、自我计划、自我控制、自我主动"的自我管理品质，引导学生养成健康、安全、环保的生活行为习惯，使学生懂得关爱和珍惜生命，形成阳光的心态和健全的人格，体会自我管理的重要性，学会自我管理的方法，能够做到言行一致，认识到自身的责任，新型班会的教学目标当中体现了"一个变化"，学生观念从"要我学"到"我要学";促进了"两个结合",即"德育与智育的结合""课内与课外的结合";提升了"三种学习力",即"思维力、创造力、凝聚力"的提升,形成自我管理意识并最终学会自我管理,促进了学生学习的自觉性的提升。

五、教学准备

相对于传统的班会课,新型的班会课的教学准备显得尤其重要。教师特别是班主任老师要转变观念,教育学生树立自我管理的理念。遴选班会课的小主持人,班会课的组织形式要以民主的形式来确定,班会课的组织形式可以多样化。明确学生是班会课的主体,老师作为引导辅助,新型班会课的课堂必须转变观念,教育学生树立自我教育自我管理的理念,充分利用学生的主动性和创造力,激发学生学习的潜力,发挥学生的自我管理意识,课前要做好充分的准备,老师引导学生根据教学内容准备教学课件,包括图片、视频、音频等材料,还要做好主持人遴选,发放主持证,准备主持稿等工作。

六、教学过程

新型班会课在关注培养小学生的自我管理能力的同时,注重引发学生的观察、思考、表达、探究,启迪学生的智慧。班会课教学过程的设计要符合学生的认知特点,由浅入深,由知到识再到行。新型班会课课堂大体包括以下几个环节:导入新课→学习材料,提炼观点→联系实际,深化认识→运用认知指导行为。

首先,导入新课,学习材料。可以采用聚焦主题出示学习材料的方式导入课程的学习，吸引学生的注意力，也可以观看图片或者观看视频，还可以是朗读名人名言、思考问题、师生谈话等方式。要培养小学生的自我管理能力，首先要避免空洞的说教，从名人的故事当中可以让学生形成良好的行为习惯，从而做好人生的计划。

再次，联系实际，深化认识。将所学的知识与学生的生活经验对接，结合学生经历，继续深化对材料所蕴含的教育意图的理解。比如培养孩子的责任心、提升自我管理能力的班会课中就提到自觉精神的核心就是责任。身为老师也要自觉工作，处处严格要求自己。师生共同成长，真正把自觉当成一种良好的习惯。

最后，运用知识，指导行为。让学生运用材料中学习到的知识，对某些现象进行判断分析，参与课堂活动，形成新的自我管理的认知，制定行动的计划。

七、课后实践

培养小学生自我管理能力的班会课的延伸在课后实践，把认知转化为实际行动才能达成在班会课的实践中培养小学生自我管理能力的最终目标。课后实践与班会课紧密承接，重在对小学生行为习惯的训练，通过训练培养提升小学生的自我管理能力，使得学生做到知行合一。

同学们能把班会课上所思所悟写下来，说明他们是真正学进去了，只有学进去了才能写得具体，新型班会课对学生的自我管理能力引导可见一斑。

老师与学生、学生与学生、家长与学生等多种评价相结合，学生回家把班会课内容与家长交流沟通然后学生与家长一起书写班会课感想并付诸行动。课后与家长讨论，学生写下班会课感想，家长也写下班会课体会，通过课内课外的结合，进一步促进学生良好习惯的养成。

时间对每个人都是公平的，对于能够合理安排和不能合理安排它的人，结果是截然不同的。在班会课上通过对时间的细致分析，引导学生将合理安排时间的理念和技巧拓展运用到学习生活的方方面面，让学生知道什么时候应该要做什么事情，提高了做事情的效率，学会合理安排自己的时间，做学习生活的主人。

现代德育理论认为，在德育的过程中必须经过由外向内、由内向外、不断内化、不断外化的循环往复之后，受教育者的道德才能形成。班会课的课程教育同学生的自我管理能力是相互统一的过程。自我管理能力在一定意义上是班会课教育的结果，又是进一步进行班会课教育的条件和内在的驱动力，所以培养学生自我管理能力是一个不断学习不断再实践的过程。

第二节　新型班会课的反思

新型班会课课程进展并非一帆风顺，新型班会课课程化具有目标性、针对性、延续性和有效性。

将班会课课程化是静态的预设，在实践过程中我们也要关注动态的生成，将计划性和灵活性有效结合起来。班会课课程化要学校、老师和学生三方的共同努力。任何的教育活动都需要多方的协调和合作，教育需要合力。要让新型班会课程化落到实处，而不至于流于形式。这需要学校牢固树立德育为首、德育为先、立德树人的理念，保障新型班会课的正常开展，创设浓厚的班会课校园氛围，让班会课成为班主任的一种自觉行动。

班主任作为班会课的策划者和指导者，必须具备教育情怀，对学生充满爱与期待，能够坚持和坚守，以期待新型班会课课程化带来的教育效果。

第三节　新型班会课的成效

一、自觉性的变化

（一）学会自省

首先体现在学生对情绪的管理有了明显的进步，以前大部分学生遇到小矛盾、小摩擦就会忍不住发脾气，新型班会课开展了情绪管理主题的系列活动，学生自己总结出遇到不开心的事情，自己先深呼吸，忍住不要发脾气，想想其他方面的事情，分散注意力等方法管控自己的情绪，真正学会了自我控制情绪。

（二）学会自律

自律，指在没有人现场监督的情况下，通过自己要求自己，同学们用自律的行动创造一种井然的秩序，为我们的学习生活争取了更大的自由。

首先，每一名同学要学法懂法，保持对法律的敬畏，养成法治意识，违背法律底线的事坚决不做。许多事并非是"恶作剧""闹着玩"，可以无所谓，要用法律武器约束自己和维护自己的权利。

其次，我们学校的校风是与人为善、自强不息，就是希望大家在日常学习生活中能够包容关心同学。同学之间有摩擦是很正常的，这时候吵架和打架的方式并不能真正解决问题，而首先应该冷静下来，想一想问题在哪里？先反省自己有没有做得不对的地方，如果自己错了就主动道歉；如果对方错了，那就善意提醒，宽容对待。每名同学都能做到换位思考，多为别人着想，心平气和地解决问题，同学之间的摩擦就会越来越少。当然，如果遇到问题自己和同学解决不了，在学校要及时告诉老师，在家及时向爸爸妈妈寻求帮助。

最后，注意网络文明，不要因为网络是虚拟的就随意骂人说脏话，不要传播暴力伤害视频，不给其他人灌输此类负面信息，做文明的网民。

二、教师反馈

教师特别是班主任老师对新型班会课上同学的表现给予了很大的肯定。新型班会课对学生有正面引导的作用，同学们在新型班会课上能够做到"自觉准备，向往课堂""自觉参与，积极探索""自觉反思，乐于分享""自觉延伸，努力提升"。课后学生在上午8点之前、下午2点之前走进教室，能够自觉安静学习或者看书。

对教师的班会课教学采用多元、开放式的评价方式，以教师自我评价为主，学生、同事、学校领导、学生家长共同参与的方式进行。在评价内容方面，要注重教师对新型班会课的教学过程进行分析和反思。

自从推行新型班会课后，不管是科任老师还是班主任老师都意识到班会课课堂要做到"以人为本"，在新型班会课的带动之下"以生为本"

的观念正式建立起来。

其次，不少班主任还没有完全建构起合理的理论体系和知识结构，开展新型班会课之后，老师们也在不断学习、不断进步，教学相长！

三、家长反映

从家长与学生的反馈中得知，新型班会课建设与学生自我管理能力之间呈正相关关系，即随着新型班会课的不断实践，学生的自我管理能力呈现不断提升的趋势，新型班会课把课堂教学延伸到课后实践，形成了课内课外、多元立体、良性互动的德育模式，新型班会课实现了一种变化，在对待学习上，学生的观念从"要我学"到"我要学"的转变；促进了"两个结合"，即"德育与智育""课内与课外"的结合，提升了"三种学习力"，即"思维力、创造力、凝聚力"的提升，从而说明新型班会课的建设能够促进小学生自我管理能力的提高。

第四节　　班会课实践

新型班会课的建设过程就是学生自我知识构建的过程，而传统班会课中教师过多的干预会阻碍学生自我管理能力的培养，要致力于培养小学生自我管理能力就要努力促进学生的自我发展、自我教育、自我创新与自我评价，从学生的班会课感悟课可以看出，学生的自我评价已经初步形成。

从学生的变化、教师的反应和家长的反馈中可以看出，新型班会课的开展能够促进学生自我管理能力的提升，学生学会了自省、自律、自悟、自觉；老师改变了教学观念，家长加入孩子的班会课内容讨论中并且更加关注孩子的人格发展。培养小学生的自我管理能力是对教育规律的一种尊重，是对学生生命发展的一种尊重，也是促进学生自我成长的重要途径。

新型班会课促进了学生自我学习的有效生成，形成了有效的课堂生态，达到了预设与生成的结合。致力于培养学生自我管理能力的班会课的实施，促进了学生学习的自觉性的提升。

这些既定目标在班会课的教学过程当中都获得了一些成效。我们从学生的评价看来看，从日常性评价着手，在自然的状态下，有目的、有计划地观察学生在日常学习、生活中的表现，综合性评价和个别性评价相结合，通过学生的实际表现看出学生的变化。

第五节　建设新型班会课存在的问题

新型班会课的课堂以学生为主体，致力于培养学生的自我管理能力，但是目前只能做到定性的研究，从学生思想行为的转变还有老师的看法以及家长的反馈意见感知学生自我管理能力的提升，暂时还无法做到定量的研究。

学生是新型班会课的主体，我们要不断地研究他们的身心特点，关注他们的诉求和兴趣旨向，积极鼓励和发动学生参与到新型班会课中来，让班会课真正的触及学生心灵深处，使师生的心理交融，把班主任的教育意图自然地转化为学生的需要，从而达到教育的最佳效果。但是部分学生在班会课的学习讨论环节中没有开展深入学习，只是浮于表面，这也是下一步实践需要改进的问题。

我们要辩证地看待问题，不能全盘否定传统班会的模式，要争取让学生多体验多实践的同时也能学习到丰富的理论知识。班会课上既要学生充分自由发展又要保证有序进行，教师的"收"和"放"要把握到什么程度还需要不断探索。

班会课课程化是一个复杂的命题、一项艰巨的任务，有着丰富的内容和深广的内涵。班会课课程化是德育进程的一个大方向，是实现德育目标的重要途径，也是整体德育课程的重要内容，不能因为眼前的困难而停下我们前行的脚步。"青山遮不住，毕竟东流去"，只要我们转变观念，付诸实践，坚持不懈，就一定会让学生在成长的路途中多份温暖，多份快乐，多份力量，为他们的终身发展奠定坚实的基础。

新型班会课的课程资源可以不断拓宽。班会课可以整合和利用学校资源，还要充分关注来自学生的资源，通过促进同伴互助，充分利用学生自身兴趣、经验、发现等作为班会课的资源更有利于达成培养学生自我管理能力的目标。

新型班会课的内容还可以根据培养学生自我管理意识、自我计划、自我控制、自我主动四个部分分类列出材料条目编辑成教材，内容编排可采取集中和分散结合，螺旋上升，使班会课的课程化趋向成熟。

第十章　师生共同促进德育校园建设

第一节　打造良好的师生道德关系

几乎在道德教育的所有形式中，榜样都具有举足轻重的地位。关怀型教师的榜样作用是学生学会关怀的无言向导和动力之源。因此，作为教师，必须有榜样意识，要不断提升自身的关怀道德素养，在与学生相处时要发自本能地给予他们爱与关怀，充分发挥关怀榜样作用。教师的关怀行为是建立良好师生关系的桥梁，能在学生心中镌刻下被关怀的感受和记忆，从而间接地促进学生自身关怀意识与关怀能力的形成。

具有关怀道德素养的教师首先要有高度的道德自觉性。由于小学生身心发育不成熟，具有很强的向师性，他们会无意或有意地模仿自己的老师，教师说话的语气、语调和动作姿势，以及待人处事的方式和态度等，都会成为学生模仿的内容。

一些教师对学生经常地进行语言暴力或冷暴力，这些举动可能会潜移默化地影响小学生的认识和行为，甚至成为致使校园欺凌发生的源头。所以，无论是在课上还是课下，教师必须随时随地注意自身言行，以身作则，为学生树立良好的关怀榜样。例如，在发现学生做出一些不符合教师期望的行为举止（例如校园欺凌）时，教师不能不分青红皂白地对其进行严厉地训斥、变相地挖苦、讽刺或施加惩罚，而要以关怀者的身份给予学生一定的宽容，耐心地询问事情缘由，了解事情真相，并对其进行真诚且深入人心的分析、教育和引导，循循善诱，这样不仅能让学生深刻地认识自身行为的错误性，帮助学生转变不良行为，而且能增强学生对教师行为的理解和信任。

教师作为关怀者，其关注的重点应是学生是否有所成长，而非看规矩是否被遵守，但这并不意味着可以对规矩熟视无睹，而是要持着关怀的态度与情感让学生自觉遵守规定，从而促进学生的道德理想得以实现。此外，教师的关怀德育素养还体现在对所有学生一视同仁，公平公正对待班上的每一位学生，给予其同等的关心和教育。

作为教师要树立公正观念，不能因为学生的成绩、性格、相貌、家世等因素对学生区别对待，而要清楚地认识到每一位学生都有被关怀的需要，应尽量超越个人喜恶，充分地且非选择性地关注每一个学生的最佳发展可能性。对于那些学习有困难的学生更是不应该冷落甚至放弃他们，而是要给予其更多的帮助和关心，善于发现他们身上的闪光点，经常地鼓励和赞扬他们，关怀会使学生获得一种内心的安全感，能看到自己在学校和班级中的价值和重要性，因此要尽可能让班上的所有学生都能体会到来自教师关怀的温暖，从而自然而然地学会关怀他人，并形成温馨和睦、充满关怀的班级氛围，降低校园欺凌的发生率。

第二节　强化师生之间的交流

要想建立关怀型的师生关系，师生间的对话就显得尤为重要，它是增进师生双方相互理解与支持、拉近师生心灵距离的重要前提。在这种关系中，教师扮演的是主动关怀者，根据不同学生的内心需求，给予其恰当的关怀回应，而学生也能通过感知教师对自己的关怀，习得尊重、分享、支持等关怀情感，从而自然而然地理解关怀、践行关怀。

对话是建立在交谈双方平等基础上的"我与你"的交流活动，这是主体间关怀关系得以建立的关键。因此，教师首先必须树立平等、尊重的观念，与学生交流时放下"尊长"的架子，不以权威者自居，尊重每一位学生的人格尊严，让学生真切地感受到亲近，教师与学生间的关系是平等的"我与你"的关系。对于学生的偏差行为，不能仅根据事情结果而妄加论断，对学生进行粗暴简单的说教、斥责和惩罚，而是应该放下身段，心平气和地与学生对话交流，给予学生自由发表意见的机会，倾听他们的内心想法，从而深入了解学生行为的深层次原因。

此外，有效的对话还要求教师应该具备一定的关怀敏感性，不能仅仅把注意力都放在学生的学习情况上，还要关注学生的情绪、生活、心理健康等其他方面，在日常教学生活中要善于观察学生的言行举止，并通过与学生进行真诚的对话，走进学生的内心，发现他们不同的关怀需要，因此对话的主题应该是丰富多样的，不能只是围绕学生的学习成绩，还应该根据学生的个人需求展开多方面的交流，只有这样才能根据不同学生的实际情况进行具体而有针对性的教育和指导。例如，在校园欺凌事件中，部分欺凌者实施欺凌是因为在家庭和学校没有得到足够的关爱或是缺乏关怀他人的能力。

因此，作为教师要善于察觉到这类同学的被关怀需求，并对其进行有效、及时的教导；对于受欺凌者而言，教师更是要设身处地地考虑他们的遭遇，发现他们因欺凌行为而导致的情绪和心理问题，给予适时恰当的关爱与疏导教育，避免他们出现恐惧、焦虑或报复等消极情绪。

同时，在对话过程中教师要向学生敞开心扉，表露真情，获得学生的信任和尊重，能够让学生在遇到问题时能主动且无所顾忌的寻求教师的帮助。最后，教师还应该积极认可学生，对学生的行为进行积极归因。诺丁斯指出，使一个人能够成为一个道德的人的唯一方式是鼓励和提升他已经具有的同情和温情，并且最终以反思和承诺来肯定。

一些欺凌者平时在校表现不佳，难以获得教师与同学的关注与认可，就会做出一些出格的行为来吸引他人的注意力，而教师更是要在平时生活中善于发现他们身上的进步和闪光点，找寻其行为背后的善意与期望，并加以鼓励和表扬，这样会大大削弱他们偏差行为的倾向性并引导他们步入正轨。在教师的认可下，学生会不断增强自信心，获得强烈的自我认同感，并且找到一种最佳的自我形象，让自己变得更好。

通过与学生进行持续且真诚的对话，一方面，能够帮助教师走进学生，深入了解并认可学生；另一方面，学生也会在感知教师关怀行为的基础上发自内心地尊重教师，信任教师，由此形成一种彼此接纳、相互理解的关怀型师生关系。在这种以爱与关怀为核心的关系中，学生在教师的指引下逐渐认识关怀、感悟关怀，进而习得关怀自我与关心他人的意识和能力，促使自身道德行为朝着积极正面的方向发展，将校园欺凌扼杀于萌芽状态。

第三节　学生之间创建良好的同学关系

一、学生增强自我保护意识

校园欺凌实质上属于学生做出的一种道德偏差行为，究其根源在于学生个体道德观不完善，关怀之心缺乏，关怀意识薄弱。而要想培养学生的关怀能力，帮助他们树立关心自我、关怀他人的意识，重要的是提升学生的自我保护意识，增强抵御欺凌的能力，这对于受欺凌者来说尤为重要。"关心自我"是一个巨大的课题，而关心自我的首要任务则是对自身身心健康的重视。

首先，学校应重视学生在校的一切体育锻炼，坚决杜绝体育课被占用的情况出现，定期开展一些户外实践活动，鼓励学生积极参与，要做到在关注学生学业的同时增强学生的身体素质，让学生拥有一个健康的体魄。

其次，学校及教师要有意识地引导学生学会一些基本的自救常识，这些知识不仅仅包括一些面对自然灾害的逃生技巧，还应涵盖应对校园欺凌、校园暴力的基本方法。

一般来说，被欺凌者大都是一些性格比较内向、胆小、懦弱的学生，教师可以在班级中多组织一些合作活动，鼓励学生多多参与，增加学生与其他同学交流的机会，培养自信心，克服自卑心理，形成正确的自我认识；而当被人欺负时要尽量保持沉着淡定，做到不惊慌、不畏惧，切忌产生报复心理以暴制暴，也不能采取一味忍让的态度，以免让欺凌者更加猖狂，而要冷静思考解决对策，若遇到暴力的肢体攻击应护住自身关键部位，尽量缓和对方情绪，找准时机及时逃脱，若是遭遇同学间的言语、关系欺凌，应先进行自我反省，思考是不是自身存在问题，提升自身文明素养，改正自身不良行为习惯。在被欺凌后要及时向同学、老师、家长告知以寻求帮助和支持，树立自我保护意识，妥善处理欺凌事件，尽量减少欺凌行为给自身带来的伤害。

二、引导学生关爱他人

培养学生的移情能力，引导学生学会关爱他人，提升关怀技巧。如果我们与他人脱离，我们就不能实现真正的自我关心，关心别人实际上是关心自我的继续。移情能力即设身处地为他人着想的能力，能够理解他人的情感。在校园欺凌事件中，欺凌者和旁观者的言行都反映了其移情能力的薄弱，不懂得如何关爱他人，在看到他人遭受欺凌时无法感知到其内心的痛苦，反而表现得麻木与冷漠。

首先，培养学生移情能力的一个好方法就是重视文学阅读，作为教师，应该多鼓励孩子在平时阅读各类文学作品，引导学生学会从书籍中领会其蕴含的人文内涵，如同情、友爱、互助、分享、谦让等，并在班上经常举行读书交流会，让学生说一说自己的读后感。

其次，学校应多开展多种多样的道德实践活动，如节日庆典、爱心公益活动、感恩讲座等，让学生在亲身参与的过程中不断提升自己的道德体验能力，消除冷漠的道德情感，从而将内在的认识观念外化为正确的行为。

最后，教师可以在班上举办角色扮演的活动，让学生们分别扮演欺凌者、受欺凌者和旁观者，去模拟校园欺凌的全过程，之后让学生说出自己当时的心情和感受，再对学生进行进一步的引导教育，让他们学会换位思考，增强对他人情绪的感知力，知道被欺凌者内心是有多么的无助、愤怒和焦虑，从而促进学生内心关怀意识的觉醒，逐步培养关怀他人的能力，这样一来，建立互惠互助、团结亲密的同伴关系也就不是难事了。

参考文献

［1］ 侯晶晶.内尔·诺丁斯关怀教育理论述评与启示［D］.南京:南京师范大学,2004.

［2］ 姜永平.小学校园欺凌行为的研究［D］.济南:山东师范大学,2018.

［3］ 刘瑶.校园欺凌的伦理症结与对策［D］.南京:南京大学,2019.

［4］ 劳凯声,郑新蓉,等.规矩方圆:教育管理与法律［M］.北京:中国铁道出版社,1997.

［5］ 周浩波.教育哲学［M］.北京:人民教育出版社,2000.

［6］ 张丽.教育法律问题研究［M］.北京:法律出版社,2007.

［7］ 郭娅玲.德育与班级管理［M］.长沙:湖南师范大学出版社,2015.

［8］ 徐长江,宋秋前.班级管理实务［M］.北京:高等教育出版社,2010.

［9］ 常思亮.教育管理学［M］.长沙:湖南大学出版社,2006.

［10］ 檀传宝.论惩罚的教育意义及其实现［J］.中国教育学刊,2004(2):20-23.